상업공간
건축조명

상업공간 건축조명

좋은 매장에는 빛의 비밀이 있다

초판인쇄 2020년 7월 31일
초판발행 2020년 7월 31일

지은이 차인호 + 공간조명연구소
펴낸이 채종준
기획·편집 유나
디자인 홍은표
마케팅 문선영·전예리

펴낸곳 한국학술정보(주)
주 소 경기도 파주시 회동길 230(문발동)
전 화 031-908-3181(대표)
팩 스 031-908-3189
홈페이지 http://ebook.kstudy.com
E-mail 출판사업부 publish@kstudy.com
등 록 제일산-115호(2000. 6. 19)

ISBN 978-89-268-7455-4 93610

이 저서는 2016년 대한민국 교육부와 한국연구재단의 지원을 받아 수행된 연구임
(NRF-2016 S1A5B5A01022421)

상업공간 건축조명

좋은 매장에는 빛의 비밀이 있다

차인호 + 공간조명연구소 지음

이담 Books

이 책의 표지는 왜 보라색인가?

이 책은 우리가 평소 마주하게 되는 권태로운 일상에서 벗어난, 비일상적 공간 인상을 연출하기 위한 빛과 공간의 구성을 비중 있게 다루고 있다. 표지에서도 이러한 이미지를 드러내기 위해 보라색을 선택했다. 자연계에서 보기 힘든 색상으로 가시광선의 가장 끄트머리에 있는 단파장 색상이다. 의미상으로 한색과 난색이 만나 생성되는 색이므로 회색과 비슷한 중성적인 색상이기도 하다. 그래서 보라색은 의미적으로나 조형적으로나 각종 상업공간의 빛과 공간에서 드러나는 다양한 표정을 효율적으로 담아낼 수 있다. 이러한 특징의 보라색이 공간에 부여되었을 때, 우리는 가슴 설레는 신비로운 비일상적 체험을 하게 된다.

따라서 상업공간의 중요한 설계 원칙 중 한 가지는 고객이 평범한 일상에서 갑자기 매장 내부에 들어섰을 때, 새롭고 비일상적인 설렘을 강하게 느낄 수 있도록 하는 것이다. 고객으로 하여금 매장에 대한 공간적 접근성을 높이기 위해, 고객 스스로 발걸음을 매장 입구로, 그리고 쇼케이스에 진열된 상품으로 깊이 들여놓을 수 있도록 조형적 설계가 이루어져야 한다. 그래서 상업공간의 조명디자인은 공공시설, 주거공간의 조명계획보다 상대적으로 다양한 시각적 체험이 가능해야 하고, 고객의 동선을 유도해야 한다는 측면에서 가장 화려한 빛의 계획이 요구된다. 고객의 발걸음을 매장으로 유도하고 최종적으로 고객의 마음을 열어 상품을 구매하거나 브랜드나 제품에 대한 호감도를 높일 수 있도록 해야 한다.

상업공간은 어느 공간보다 그 목적이 뚜렷하다. 고객 만족을 통한 매출 증진, 즉 돈을 벌기 위한 목적의 공간이다. 그래서 상업공간의 조명디자인이란 기본적으로 고객 만족과 매출 증진 두 가지 목적을 충족하기 위한 빛의 계획이다. 하지만 이것을 실제 상업공간에서 풀어가는 것은 그리 간단하지가 않다. 공간계획에서 조명은 우선, 빛으로 인식해야 한다. 그러나 공간에서 조명을 '빛'이라고 인식하는 순간, 빛이 존재하는 '공간'과 그 공간에서 빛을 활용하고 누리게 되는 '인간'이라는 두 가지 키워드가 더 등장하게 된다. 따라서 상업공간의 조명디자인 문제는 이렇게 '빛-공간-인간'의 관계성에서 풀어가야 한다는 결론이 선다. 그러므로 이번 책에서는 상업공간의 조명디자인을 그 공간에 필요한 '공간과 인간을 위한 빛의 대안'으로 정의하고, 공간의 환경디자인적 관점에서 기술하는 빛의 이야기로 정리하였다.

또한 이 책은 조명과 인테리어 분야의 학술적 목적을 갖는 전문 서적이면서, 상업공간의 조명계획과 체계적 프로세스를 알리기 위한 디자인 분야의 교양서 성격을 가진다. 공간에 사용하는 소재, 선호하는 색상, 건축구조의 시대적 경향과 같은 것들은 모두 유행을 타고 시대의 흐름에 따라 변화한다. 이렇게 짧은 주기로 변화하는 디자인의 표면적 요소보다는, 공간과 빛의 계획에 있어서 그 중심에 두고 항상 고민했으면 하는 가치나 설계상의 원칙, 기본을 지키는 것이 중요하다는 것을 독자들에게 전달하고자 했다. 디자인 방법론에 기초하였으며 원칙적으로는 환경디자인적 해결방법으로 문제를 제기하고 대안을 마련하는 방식으로 구성했다. 디자이너로서 디자인하려는 대상에 대해 얼마나 멀리, 그리고 깊이 들여다 볼 수 있느냐는 무엇보다 중요한 능력이다. 이 책이 빛과 공간에 대해 생각할 수 있는 다양한 시각을 균형있게 고민하고 설계할 수 있도록 도움이 되기를 바란다.

비전문가들도 전문지식과 이론을 접하는 데 큰 어려움이 없도록 부록을 마련해 조명과 인테리어 전문용어를 정리해 두었다. 학부생, 혹은 학부에서 전공하지 않았지만 대학원과정에서 조명설계나 인테리어를 전공하려는 이들, 나아가 해당 직무의 초보자들도 난해한 전문적 현장 용어에 겁먹고 고민하지 않았으면 한다. 책의 부록을 적극적으로 활용하여 책의 내용을 더 쉽게 이해할 수 있기를 바란다. 더불어 조명디자인을 비롯하여 환경디자인이나 실내건축 디자인 분야에 관심 있는 비전공자와 디자인 관련 전공자가 대학원 수준의 내용을 어렵지 않게 읽어갈 수 있도록 난이도를 조정하였다.

다만 공간 속 조명을 분석하는 이론적 내용은 기본 지식이 없으면 다소 어려울 수 있다. 그래서 필자의 수업을 들은 적 없는 분들께 조금이나마 도움을 드리고자, 그리고 연구소의 연구원들이나 학생들도 다시 복습할 수 있도록, 강의자료를 별도로 영상으로 녹화하여 〈차인호의 디자인학〉이라는 Youtube 채널에 공유하고 있다. 해당 채널의 영상 자료를 참고하면서 공부하면 큰 어려움이 없으리라 생각한다.

지금 이 순간에도 빛과 공간의 설계를 위해 작업실에서 묵묵히 철야를 마다하지 않고 있는 디자이너들에게 조금이나마 도움이 되기를 바라는 간절한 마음을 담았다. 모쪼록 이 책으로 인해 우리의 가슴을 설레게 하는 아름답고 쾌적한 빛의 상업 공간 환경을 더 많이 접할 수 있게 되기를, 그리고 빛과 공간에서 보다 긴 호흡으로 큰 그림을 그려갈 수 있는 대안을 찾을 수 있기를 바란다.

2015년부터 기획하고 진행해 온 집필 기간 내내 원고의 방향과 키워드 선정으로 인해 힘들었지만, 공부하는 즐거움으로 행복하기도 했다. "왜 그러한지 늘 고민하라."라는 Kaoru Mende 스승님의 오랜 화두에 다시 집중하며 격물치지(格物致知)할 수 있는 소중한 시간이었다.

대상을 정의한다는 것은 유용한 공부 방법이다. 정의라는 것은 그 주제를 접하고 해석하는 개개인이 처한 여러 환경에 의해 충분히 달라질 수 있다. 따라서 독자들도 이 책을 읽고 상업공간의 조명디자인에 대하여 각자의 시각으로 정의해 보기를 적극 권장한다. 그렇게 이 책이 출간 시점에 멈추어 선 종이와 활자에 머무르지 않고, 현명한 독자들의 노력으로 나아갈 수 있다면 저자로서 더 이상 바랄 것이 없다.

필자가 해외 출장을 갔을 때 촬영한 사진들과 연구원들이 출장과 여행에서 찍어

온 좋은 이미지를 모아 책에 소개하였다. 자료를 모으고 정리하면서 좋은 사례의 이미지 자료 중 대다수를 해외의 것으로 쓸 수 밖에 없다는 점이 아쉬웠다. 국내 조명 디자인도 많이 발전하고 있음을 현장에서 보고 있긴 하지만, 건축설계나 공간디자인 전반에 비해 한국 상황에 맞는 구체적인 설계 방법이 없어서 아직 개선할 부분이 많이 남아있는 상태이다. 이 책이 국내 조명디자인의 문제를 바꾸어 가기를, 그래서 많은 사람이 쾌적한 상업공간 조명환경 속에서 높은 매출과 공간 문화를 향유할 수 있기를 기대한다.

이 책의 완성까지 많은 분의 도움이 있었지만, 그중에서도 저술 초기, 자료정리 작업에 참여하였고 현재 캐나다에서 활동 중인 정윤선 실내건축 디자이너, 마지막까지 완성도를 높이기 위해 필자의 연구와 설계를 돕고 있는 제자 김택민, 이상 두 명의 공저자에게 감사를 전한다. 또한 이미지 수집과 취재에 수고해 준 연구소의 연구원 김아리새, 류경민 학생, 그리고 환경디자인 전공의 대학원 졸업생 심민정, 박주란, 황선희, 김혜린, 김현배 디자이너와 이석종 대표, 그리고 원고 교정에 중요한 아이디어를 내어 주신 서혜리 선생님께도 지면을 빌어 감사의 인사를 전한다.

2020년 7월
수선관 작은 방에서
차인호

고객을 모으는 빛, 시선과 동선설계

좋은 매장에는 빛의 비밀이 있다

상업공간 조명환경의 시공인 분석과 시공 사례

1

문제는
조명이다

조명, 무엇이 문제인가

상업공간이나 주거공간에 상관없이, 어떤 공간이건 아직도 일반인들의 조명에 대한 주된 관심은 광원의 밝기와 효율성에 집중되어 있다. 높아진 고객의 눈높이에 부응하지 못하면 매출에도 지장을 줄 수 있다. 점주들은 매장 조명디자인에 큰 노력을 기울이고 있지만, 아직도 조명에 대한 인식은 단순히 어두움을 밝히는 전기에너지의 빛으로서, KS권장 조도기준만을 맹신하고 있다. 아무 근거 없이 주거공간의 일부 상황에서만 적용해야 할 3,000K, 누런빛의 간접광 조명을 상업공간, 공공시설, 심지어 문화재 조명에 이르기까지 적용하는 주먹구구식 조명디자인이 성행하고 있다. 공간적 측면에서 빛을 바라볼 때도 대체로 이런 시각에서 벗어나지 못하고 있다. 이에 이번 장에서는 상업공간의 조명디자인에 관한 근본적 문제를 구체적 사례를 들어 지적하고 대안을 제시하고자 한다.

일반적으로 상업공간의 조명계획에서 쉽게 나타나는 실수들은 광원의 빛이 불쾌하게 눈에 직접 유입되는 글레어, 부적절한 고광택 소재의 남용, 잘못된 광원의 적용으로 발생하는 스캘럽, 획일화되어 지루한 공간 이미지를 양산해내는 높은 균제도 중심의 설계, 공간 위계와 빛의 동선 부재로 고객의 시선과 동선을 혼란스럽게 만드는 공간, 공간 내부의 다른 요소들에 묻혀 전혀 부각되지 않는 상품, 平·直·立 요소*의 불균형, 에스컬레이터나 계단 등 단차가 발생하는 곳의 안전을 고려하지 않은 빛의 구성 등 다양하다. 이번 장에서는 이와 같이 설계자가 실수하기 쉬운 조명환경의 문제들을 구체적으로 지적하고, 해결을 위한 대안을 제시하고자 한다.

주거공간에서는 거실과 같이 영화나 TV를 보기 위한 시청각 모드나 소파에서 쉬거나 낮잠 자기 위한 휴식 모드와 같은 다양한 행위에 따른 조명의 변화가 필요하다. 상업공간에서도 인간의 행위와 공간의 성격이 변화하기 때문에, 빛의 성격과 환경도 변화를 주는 것이 이상적이다. 계절별로 출시되는 신제품, 색상과 형태의 차이에 따른 매장 전시 제품의 변화, 상품을 홍보하고 매출 변화에 대응하여 이익을 증대시키기 위해 쇼케이스나 행거의 위치를 바꾸는 등, 변화되는 공간에 맞추어 그 특성을 부각하도록 조명의 위치와 특성을 함께 변화시키는 것이 필요하다.

빛의 공간에서 발견할 수 있는 문제점은 가볍게 지나치기 쉽다. 적어도 주거공간과 공공시설, 업무 환경의 조명은 밝아서 사물을 보는 데 문제가 없으면 충분하고, 어두우면 조명을 켜고 안 쓸 때는 끄면 된다는, 무의식에서 만들어진 밝음과 어두움만으로 조명을 생각하는 이분법적인 인식이 팽배해있다. 이러한 생각들은 비록 다소 불편하지만, 공간의 질적인 만족도를 올리는 것에 별 관심이 없다면, 어두움을 밝히는 조명의 단순한 기능상의 관점에서는 큰 문제가 없다고도 볼 수 있다. 하지만 이는 그렇게 가볍게 여길 것이 아니다. 단순하게 공간에 필요한 빛의 양적 충족에만 매달려서는 정량적 수치로 환산하기 어려운 고객 만족이란 목표를 달성하거나, 매장공간을 쾌적하게 조성하여 질적인 완성도를 높임으로써 궁극적으로

---

* 빛의 수평–수직–입체적 요소(平 · 直 · 立)에 관한 기초 이론 내용은 017쪽에 상세하게 설명했다. 이 책에서는 수평적 요소는 平, 수직적 요소는 直, 입체적 요소는 立으로 약식 표기하였다.

매출 증진이란 상업공간의 기본적이며 중대한 목적성을 지향할 수 없다.

　우리가 일상에서 만나게 되는 공간 중에 가장 강력하고 뚜렷한 목적성을 지닌 공간은 상업공간이다. 그 목적이란 다름 아닌 이익, 즉 돈을 버는 것이다. 그 목적성이 뚜렷한 만큼이나 다양한 경쟁 구도에 있는 매장들이 각자의 이익을 위해 고객을 불러 모으고 상품과 서비스를 판매하여 매출을 올리기 위해 노력한다. 그래서 상업공간의 조명에 관한 문제를 찾아내기 위해서는, 빛과 공간에 대한 이론을 바탕으로 매장의 조명계획과 조명디자인에 관한 체계적 학습이 필요하다.

　서문에서도 기술한 바 있지만, 이 책에서는 좋은 예시를 설명하면서 대부분 해외 사례를 인용하고 있다. 국내에서도 좋은 사례를 앞으로 많이 만들어가기를 바란다. 그러기 위해서 가장 필요한 것은 디자인 환경, 설계 문화의 개선이다. 조명디자인은 인쇄물이나 영상처럼 독립적으로 분리된 완성물로 보기 어렵다. 필자는 전문적인 조명설계자이다. 조명디자이너 이전에 공간디자이너이자 공간의 기획자이다. 공간디자이너의 입장에서 보면, 흔히들 시각디자인, 그래픽디자인이라고 하는 디자인의 세부 영역도 공간정보전달 디자인으로 판단하기 때문에 완성된 평면이나 화면 자체로 보는 것이 아니라 공간에 놓일 때 어떻게 주변 환경과 조화를 이루고 서로 영향을 미치는지 예민하게 관찰한다. 그렇기에 공간의 정보디자인으로 폭넓게 사고하려 한다. 그 큰 틀 안에서 빛을 중심으로 조명디자인을 하는 것이 중요한 원칙이자 기본이다. 조명디자인은 공간의 기획 단계에서부터 고민하고, 공간기획 초기에 전문적인 조명디자이너가 참여하여 건축설계자, 인테리어 디자이너, 환경색채 전문가, 공간정보(그래픽) 디자이너들과 협업하는 것이 가장 바람직한 설계과정이다.

　우수한 해외의 건축조명 사례를 볼 때마다 부러움을 느끼게 되는데 그래서 더욱 부각되는 점은 국내 조명디자인이 안고 있는 근본적인 문제로 공간의 통합적 설계가 잘 이루어지지 않는다는 사실이다. 조명디자인은 단순히 어둠을 밝히는 양적인 충족에 그치는 것이 아니라, 공간을 이용하는 사람들의 시선을 설계하고 쾌적한 빛으로 질적 만족도를 높이는 중요한 작업이다. 이를 인식하는 사회적 환기가 필요한 시점이다.

설계자(디자이너)가 설계할 때 고생한 만큼 좋은 결과물이 완성되면 고객(사용자)은 쾌적한 빛의 조명환경을 누릴 수 있게 된다. 조명이나 빛의 전문가가 없다면, 기존의 방식대로 평면도에 수평면 조도를 확보하기 위한 긴장도 높은 조명이 설계되거나, 공간의 목적과 사용자의 요구가 반영되지 않은, 명확한 설계 목표 없이 어디서나 비슷한 공간의 조명을 계속해서 양산하게 될 것이다. 그렇게 양산되는 저급한 공간의 빛과 조명환경이 보편화되는 것은 무엇보다 필자를 포함한 조명디자이너에게 일차적 책임이 있다. 우리가 살아가는 이 시대, 더 이상 고민하며 공부하지 않는 디자이너는 살아남기 어렵다는 점을 인정하지 않을 수 없다.

平直立,
빛과 공간의 수평-수직-입체적 요소

다음은 조명디자인의 구체적이면서 체계적인 설계 방법을 설명하기 위한 기초 필수 이론이다. 조명(빛)의 특성을 공간적 관점에서 분류하고 용도별로 사용하기 쉽도록 설명하였다. 이 책의 체계적인 설계 이론을 이해하기 위한 중요한 내용이니 꼭 숙지하기를 권장한다. 이 내용은 필자의 박사학위 논문인 「빛의 공간적 특성과 공간인상의 관계성 연구」(성균관대학교, 2016)를 참고하였다.

빛과 공간의 수평적 요소 (平)

책상과 같은 수평면 위에 비추어진 빛으로 학습이나 업무와 같은 작업을 위한 빛의 요소이다. 공간에 높은 긴장감을 부여하고 작업자의 집중력을 높이는 효과가 있다. 측광량은 조도(照度)이며 단위는 lx, lux(럭스)이다.

빛과 공간의 수직적 요소 (直)

벽에 비추어진 빛으로 배경을 연출하고 분위기를 만들기 위한 빛의 요소이다. 인간의 느끼는 공간의 밝기감은 수직적 요소가 가장 큰 역할을 담당하고 있다. 측광량은 휘도(輝度)이며 단위는 cd/m^2(칸델라 퍼 제곱미터)이다. 수평적 요소는 조도 기준으로 책상 위의 책을 들여다보는 데 필요한 빛이고, 수직적 요소는 휘도가 기준으로 책상에 앉아 칠판이나 빔프로젝터의 스크린을 보기 위해 요구되는 빛이다.

빛과 공간의 입체적 요소 (立)

대상이나 사물의 입체감을 정확하게 인지하기 위한 빛으로서 대상의 표정 변화와 감정을 정확하게 인지하는 데 도움을 준다. 원활한 커뮤니케이션과 집안 현관이나 공항의 출입국 검사대와 같은 상황에서 인물의 식별과 보안을 목적으로 한다. 이러한 사물의 입체감을 강조하고 느끼는 것을 모델링(Modeling)이라고도 한다. 입체적 요소는 결국 모델링을 위한 빛이며, 대상의 입체적 인지를 방해하는 수직적 요소와 대립적 관계에 있다. 배경과 분위기를 확보하기 위한 수직적 요소를 강조하면 편안한 느낌의 공간인상을 보다 효율적으로 확보할 수 있지만, 반대로 모델링 즉 입체적 요소는 약해져서 사물의 입체적 인지는 어려워진다.

이 책에서는 빛의 수평-수직-입체적 요소를 간략하게 줄여서 한자로 각각 平-直-立으로 표기하기도 한다. 여기에서 平-直-立의 구분은 '빛의 방향'이 아니라 '빛이 맺히는 곳'이 기준이 된다. 빛의 수평적 요소와 수직적 요소, 입체적 요소에 따른 공간 이미지의 차이는 다음의 표와 같다. 동일한 광원을 조사방향만 서로 다르게 설정하여 가장 특징적인 빛의 平-直-立 요소로 정리하여 제시하였다. 요약 항

목의 그림은 좌측부터 수평적 요소(平), 수직적 요소(直), 입체적 요소(立)이며, 수
평적 요소는 바닥면을 중심으로 빛을 조사하고 수직적 요소는 오브제(석고상) 뒤의
벽면을 중심으로 조사했으며 입체적 요소는 사물의 본래 모습을 가장 정확하게 보
여주고 입체감을 강조하기 위해 전방 45°에서 조사하였다. 수평적 요소에서는 오
브제의 상부와 바닥면을 중심으로 빛이 집중되기에 오브제에 높은 긴장도가 연출
된다. 수직적 요소에서는 오브제 뒷면의 벽을 중심으로 빛이 조사되어 물체의 정확
한 형태와 인상을 느낄 수는 없지만, 오브제를 둘러싼 배경의 빛은 전체적으로 편안
한 느낌이다. 입체적 요소 중심의 빛에서는 적정한 빛과 그림자의 대비를 형성하여
오브제의 형태와 인상에서 본래 사물이 가진 특징을 그대로 살리고 있다.

　　平-直-立의 내용은 실내와 실외 구분 없이 공간의 빛을 구성하기 위한 필수 이
론으로 매우 중요하므로, 다음 표의 내용을 숙지하거나 설계 시 참고하는 것이 바람
직하다. 하나의 공간에 획일적인 하나의 요소를 적용하기보다는, 平-直-立을 각각
균형 있게 적용하는 노력이 필요하다.

공간의 빛 3요소와 빛의 특성과 목적-행태-공간인상의 관계

	수평적 요소 / 平	수직적 요소 / 直	입체적 요소 / 立
빛의 특성	수평면 조도 집중광	수직면 휘도 확산광, 간접광	빛의 방향성, 조사각도 집중광
빛의 구성	수평적 요소 중심 수평면 조도 위주	수직적 요소 중심 수직면 휘도 위주	平과 直의 균형이 중요 수평적 요소가 우선 直보다 平의 비중이 높음
빛의 목적	작업면에서의 시각 작업	공간의 밝기감 확보 배경과 분위기 연출 명암 대비 완화 입체감 인지의 방해	입체감 인지 커뮤니케이션 보안, 피아식별
행위	학습, 업무	휴식, 수면	대화, 식사, 명확한 사물 인지
공간인상 (공간 긴장도)	높은 긴장감 집중력 상승	낮은 긴장감 차분하고 안정된 분위기	적절한 긴장감 높은 공간 접근성의 유도
광원 특성	수평면과 작업면을 비추기 위한 광원	공간 내 오브제의 입체감을 낮추어 공간의 긴장도를 떨어뜨리고 효율적으로 공간의 밝기감을 확보	조사방향의 적합성과 확산 정도의 균형을 유지하여 오브제의 적절한 명암 대비와 인물의 인상을 정확하게 전달
광원 종류	다운라이트 펜던트라이트 탁상 스탠드 작업등	월-워셔(Wall Washer) 코브, 코니스, 밸런스 광천장, 광벽, 광바닥(Luminous CWF: ceiling, wall, floor) 간접조명 방식 전반 전방향 확산 조명	다운라이트 월-워셔 수평적 요소를 위한 광원과 수직적 요소를 위한 광원의 조화와 균형 필요
요약	 수평적 요소, 수평면 조도 중심	 수직적 요소, 수직면 휘도 중심	 입체적 요소, 입체감 위한 빛의 입사각도

지나친 눈부심, 글레어

조명이나 빛에 의한 불쾌한 눈부심을 '글레어(Glare)'라고 한다. 상업공간에서 광원의 눈부신 빛이 직접 눈에 들어오는 불쾌한 체험은 매장과 상품에 대해 좋은 이미지를 남기기 어렵다. 고객이 잠시 쉬는 공간에서조차, 공간의 쾌적한 밝음보다 조명기구물의 형태가 돋보이면서 광원의 빛이 눈에 직접 유입되는 조명환경은 불쾌한 시각적 경험을 유발하므로 가급적 피하는 것이 좋다. 에스컬레이터에 타고 있는 고객의 시선은 전방이나 머리 위쪽을 바라보는 경우가 많은데, 이때 노출된 광원의 높은 휘도와 획일하게 배열된 지루한 느낌의 조명 배치는 긴 에스컬레이터를 더욱 따분한 전이공간으로 만들게 된다. 매립형 삼파장 램프나 다운라이트를 브랜드의 상표가 부착된 벽 쪽 가까이 설치하게 되면 글레어가 발생하여 상표를 제대로 인식할 수 없다. 24시간 편의점의 살인적인 3,000lx 이상의 수평면 조도는 생체리듬을 교란시키고 수면유도물질인 멜라토닌의 분비를 방해하여 업주나 점원의 건강에 치명적인 조명환경이다.

천장 매립형 삼파장 램프는 흔히 다운라이트라고 하는 고가의 전문 조명 제품을 대신하여 보급형으로 상업공간에서 널리 사용하고 있는 조명이다. 본래 다운라이트는 조명기구 자체의 존재감은 최소화하고 공간의 밝기감만 확보하려는 목적에서 개발되어 천장에 작은 구멍을 뚫고 고도의 광학설계가 되어있는 비싼 조명기구를 사용한다. 그러나 값이 비싸서 천장에 상대적으로 큰 구멍을 뚫고 전구형의 삼파장 형광등을 설치하는 것으로 대체하는 경우가 많다. 업계에서는 이러한 매립형 삼파장 램프를 다운라이트라고 부르는 경우가 많다.

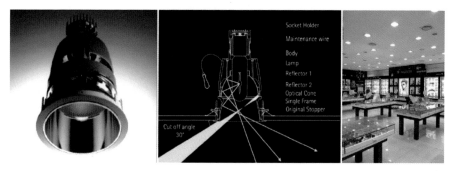

일본 Ushio-Spax社의 JIAKARI 다운라이트와 매립형 삼파장 램프

멜라토닌은 뇌 속에서 분비되는 수면유도물질로 일몰 후 어두운 환경에서 원활하게 분비되기 시작하여 수면을 유도한다. 멜라토닌이 부족하면 수면에 장애를 일으켜 각종 암의 중요한 원인이 된다. 따라서 쾌적한 조명환경을 연출하기 위해서는 멜라토닌의 원활한 분비를 돕도록 저녁 시간대에 전체적인 밝기감을 낮추어 설정하는 것이 필요하다. 글레어도 멜라토닌 분비를 방해하는 원인이며 고객과 점원의 건강에도 좋지 않다. 또한 글레어가 심한 매장의 조명환경은 눈에 불쾌감을 주므로 전시된 상품에 좋은 인상을 기대하기 어렵다.

글레어는 광원의 배치가 획일적인 공간에서 가장 두드러지게 나타나기 쉽다. 획일적 설계에 의해 공간의 구성과 고객의 동선, 행위와는 무관한 천장조명 중심의 조명계획은 과도한 광원의 배치로 이어지고, 설계와 납품 그리고 시공 비용을 고려해 글레어가 심하게 발생하는 저가의 광원으로 메워지기 쉽다.

　또한 직접적으로 상품이 돋보이도록 국부조명으로 강조해야 할 상황이 아니라면, 전체적인 공간의 밝기감을 연출하기 위한 조명으로서는 광원의 빛이 눈에 직접 들어오는 조명설계를 피하는 것이 바람직하다.

과도한 조도의 편의점 형광등 조명과 잘못 설치된 광원의 글레어

　다음의 그림과 같이 천장고가 높은 백화점의 조명계획에서는 광원의 존재감, 특히 천장부에 설치된 광원을 고객이나 점원이 거의 느낄 수 없게 설계한다. 고객의 입장에서는 매장 내에서 느낄 수 있는 것은 공간의 쾌적한 밝기감이면 된다. 마치 마법과 같이, 공간의 빛이 어디서 나오는지 알 수 없도록 광원을 숨겨두고 있다. 덕분에 천장에 숨겨진 다운라이트는 고객의 시선에 눈부신 광원의 글레어는 피하면서 적정한 전반조명의 역할을 충실히 수행할 수 있도록 한다. 상품이 놓인 쇼케이스는 국부조명이나 쇼케이스에 설치된 광원으로 한층 돋보이게 하면 된다. 이러한 방식은 마치 세안을 깨끗이 마치고 기초화장을 한 뒤 색조 화장을 진행하는 메이크업처럼, 매우 정돈된 공간인상을 주는 조명연출법이자 기본에 충실한 조명디자인이다. 이와 함께 무대 위 배우의 섬세한 표정 변화를 보여주기 위한 조명처럼 매장 내

고객의 동선 파악을 편하게 하고 제품에 우선적으로 시선이 머물 수 있도록 하는 세부 조건에도 주의가 필요하다.

　　설계 실무자의 관점에서 고급스러운 내부 공간을 연출하기 위해 고광택의 인조 대리석을 실내 마감재로 사용하여 벽은 물론이고 바닥면까지도 마감하는 경우가 많다. 하지만 고광택 마감재의 경우 조명이 주로 천장면에 설계된 고휘도의 광원이라면 특별히 주의를 기울여야 한다. 천장에 설치된 조명이 옆에서 보아도 눈부신 글레어로 높은 휘도의 빛을 발산한다면, 이는 고광택의 바닥 마감재에 다시 반사되어 더욱 불쾌한 공간 이미지로 인식되기 때문이다. 또한 현장의 이야기로 대형마트의 경우 쇼핑 카트의 바퀴가 더 잘 구르게 하기 위한 목적으로 고광택의 매끄러운 소재를 쓰기도 하는데, 카트의 바퀴를 구르게 하는 데 있어서 마감재의 광택은 미미한 영향을 줄 뿐이다. 따라서 공간의 이미지적 측면에서 이득보다 손해가 크다고 할 수

있다. 게다가 고광택 마감재의 바닥은 관리하는 데 보다 많은 비용과 시간이 요구되어 비경제적이다.

벽이나 바닥을 고광택의 대리석 등으로 마감하는 경우, 대부분 밝기감이 높은 고명도 소재로 설계하게 되어 공간 전체가 지나치게 밝은 느낌으로 연출되기 쉽다. 또한 이러한 소재 특성에 평면도상 균일한 조명설계 조건이라면, 바닥-벽-천장으로 이어지는 5면의 적정한 명암 대비가 사라져 밋밋한 인상으로 남게 된다. 이러한 공간의 연출은 답답한 공간 이미지를 낳게 된다.

공간의 고급스러운 느낌을 연출하기 위해 무분별하게 고광택 실내 마감재를 남발하는 것은 적절치 못하다. 고광택 마감재의 경우 더더욱 눈에 광원의 빛이 들어오지 않도록 고도의 광학설계가 반영된 고성능 조명기구를 사용하거나, 설계자가 특별히 바닥면에서 반사되는 글레어에 대비해야 한다. 또는 빛의 조사방향을 조절하여 바닥-벽-천장면의 휘도를 분배해야 한다.

빛의 낙서, 스캘럽 현상

스캘럽(Scallop)이란 조개껍질 모양의 반원형이 연결되어 형성되는 파상적인 모양으로 의상의 장식에 쓰이는 모양이기도 하다. 조명디자인에서 스캘럽이란 이러한 문양이 조명기구에서 발산되는 빛에 의해 생겨나는 현상이다. 일반적으로 벽의 상층부는 눈이 부시게 강하게 빛이 맺히게 되고 아래로 가면서 넓게 퍼지는 배광이 벽면에 드러나게 된다. 그래서 기괴한 박쥐 날개 모양의 강한 음영이 연출된다. 이것은 엄연히 설계상의 오류다. 건축가는 설계 의도상 자신의 건축물 내부 벽면에 이렇게 빛으로 낙서하기를 원하지 않았기 때문이다. 간혹 설계 의도에 의해 벽면에 빛으로 스캘럽 문양을 나타내기도 하지만, 대부분은 잘못된 광원계획에 의한 결과로 나타난다. 스캘럽 현상은 일반적으로 월-워셔(Wall Washer)라고 알려진 조명연출 방법을 위해 다운라이트, 스포트라이트로 벽면에 빛을 조사하는 과정에서 실수하여 발생할 때가 많다. 월-워셔를 구현하기 위해서는 월-워셔가 가진 의미를 명확하게 이해해야 한다. 월-워셔란 마치 흐르는 물이 벽면을 타고 흐르듯이 빛으로 벽면을 쓸어내리는 듯한 조명계획 기법을 지칭한다. 하지만 이때 사용되는 월-워셔 전용 램프는 벽면을 균일한 밝기로 빛내주기 위하여 고도의 광원설계가 적용된 고가의 고급 램프이다. 일상적으로 월-워셔를 구현하기 위해 사용되는

광원은 그러한 고급 조명기구가 아닌 경우가 많다. 그래서 아래위로 얼룩덜룩해지
거나 배광이 적절치 않아 박쥐 날개 문양의 음영으로 스캘럽을 남기게 된다.

　　스캘럽 현상을 해결하기 위한 방법은 다음과 같다. 벽을 고르게 밝히기 위한 목
적으로 조명기구를 벽 쪽에 조사한다면 적합한 조명기구를 설정하고 해당 광원을
설치하면 된다. 문제는 비용 대비 효과일 수 있다. 최고급 브랜드 매장에서 조명설
계와 시공 비용에 많은 지출을 할 수 있다면 다른 이야기지만, 전문적인 월-워셔 타
입의 조명은 고가의 제품이 대부분이다. 이른바 보급형의 저가 조명 제품으로 월-
워셔에 해당하는 효과를 보기 위해서는 시뮬레이션상에서 벽과 천장의 설치 거리
등을 조절해가면서 배광을 신중하게 검토하고 프로토타입을 제작하여 시험 운영해
보거나, 설치 현장에서 광원을 이리저리 옮겨가며 에이밍(Aiming)하여 스캘럽 현상
을 줄이고 적정한 배광을 얻기 위해 노력해야 한다.

OPEN? CLOSED?

영업 중인지 아닌지 알 수 없는 상태의 매장조명이 많다. 얼핏 문 닫은 가게로 보이지만 자세히 보면 영업 중인 매장이다. 그래서 영업 중인 매장임을 강조하기 위해 입구나 쇼윈도 등 잘 보이는 곳에 "OPEN(영업 중)"이라고 걸어두거나 아예 출입문을 모두 열어두는 가게도 있다. 분명히 매장 내부에 있는 사람은 충분히 눈이 부시도록 밝다고 느끼지만, 매장 밖의 고객은 가게가 열려 있는지조차 확인하기 어렵기에 자세히 들여다봐야 하는 상황이 생긴다. 다음의 이미지는 야간의 조명설계가 잘 되어있는 매장이지만 주간에는 아예 닫혀있는 가게로 인식된다. 그다음 이미지의 매장도 주간과 야간을 비교해보면 확연히 차이가 난다. 주간에도 외부의 조명 외에는 내부의 조명을 모두 야간과 동일하게 켜두지만 이렇게 닫혀있는 매장으로 인식되고, 상대적으로 어두운 실내 덕분에 외부의 행인이나 주차된 차량의 모습 등 가로의 이미지가 그대로 매장의 전면 유리에 반사되어 거울처럼 보이게 된다. 야간에는 상대적으로 덜하지만 낮, 특히 자연광이 강한 한낮에 이러한 조명을 가진 매장을 자주 볼 수 있다. 주간에는 외부의 강한 자연광 대비 상대적으로 어두운 실내 인공광의 밝기감 때문에 더 어둡게 느껴지기 마련이다. 특히 매장의 규모가 클수록 그리고 자연광 유입이 많은 환경일수록 주간의 강한 외부 자연광 대비 내부의 조명을 다루기가 어려우며, 바닥이나 쇼케이스의 수평면 조도를 확보하기 위한 조명을 천장에 균일하게 설치한 平 위주의 매장이라면 더욱 치명적이다.

실외공간에서 마주하게 되는 한낮의 태양광은 조도 10만 럭스를 넘나드는 강한 빛이다. 이에 반해 실내는 인공조명으로 아무리 조명기구를 많이 설치하여도 5,000~6,000lx 정도이다. 그리고 2,000lx가 넘어가면 인간은 더 이상 밝기 차이를 인지하지 못하여 큰 의미가 없고, 야간 조명의 경우에는 수면 건강에 좋지 않다. 물리적 측광량이라는 측면에서만 보면 실외와 실내는 엄청난 밝기의 차이를 겪게 된다. 실외에 머물던 매장 밖의 고객이 갑자기 상대적으로 어두운 매장 안으로 들어오면 순간적으로 앞이 잘 보이지 않는 암순응 상태가 된다. 특히 최근에 실내를 간접조명 중심으로 어둑하게만 연출하면 멋스럽다고 생각하여 설계한 매장은 큰 낭패가 아닐 수 없다.

주간의 자연광에 대한 인공조명의 설계는 매장 안쪽 벽면에 충분한 수직적 요소를 확보하기 위해 빛을 집중해야 한다. 이러한 수직적 요소를 최대한 활용하여 밝히되 야간보다 오히려 더욱 강하게 연출할 필요가 있다. 주간에는 더욱 밝게 광속을 올려주고 일몰 후 야간이나 흐린 날에는 광속을 낮추어 대응할 수 있도록 디밍 장치가 부착된 조명기구를 설치하는 것도 방법이다. 또한 창가 주변에 놓여있는 테이블 면에 수평면 조도를 확보하기 위한 조명을 켜두는 것도 방법이고, 주간에는 창가 주변에 높은 명도의 밝은 색상 버티컬 블라인드를 설치하여 각도를 조정해가면서 실내로 유입되는 자연광의 양을 조절하고 외부에서 보았을 때도 유리면이 상대적으로 어두워 매장 내부는 컴컴하고 행인의 모습만 보이는 거울 효과가 발생하지 않도록 하는 것이 좋다.

가정에서도 거실 내부의 조명이 너무 밝으면 외부의 창에 멋진 야경은 보이지 않고 자신의 모습만 보이는 거울 효과를 보게 된다. 이 경우, 외부와 내부의 밝기감(휘도) 차이를 줄여주는 노력이 필요하다. 여기에서 중요한 것은 그 휘도 차이를 줄여주는 데 있어 수평적 요소(平)보다는 수직적 요소(直)가 우선이라는 점이다. 아래의 왼쪽의 이미지를 보면 천장에 무수히 많은 다운라이트 실내조명이 설치되어 있지만, 실내는 어둡고 매장 내부와 쇼윈도, 상품은 보기 힘들다. 당연히 고객의 입장에서는 접근성이 떨어지는 이러한 매장에 들어가고자 하는 생각이 들지 않을 것이다. 이에 대한 대안으로 체계적인 설계가 필요한데, 여기에서도 빛의 수직적 요소(直)가 매우 중요하다. 즉 매장 파사드에서 보이는 풍경에서 안쪽의 내부 벽면들을 강한 외부의 자연광에 지지않도록 밝혀주는 것이 필요하다. 시선이 통한다는 것은 빛도 통한다는 것이다. 다음의 오른쪽 이미지에서 보듯이, 방문 고객의 시선이 자연스럽게 매장 외부로부터 내부로 연결될 수 있도록 하는 것이 무엇보다 중요하다.

가로의 고객 시선이 매장 내부로 편하게 유입되려면 매장 외부 자연광의 밝기감과 내부 밝기감의 차이를 줄여주되 매장 내부 벽면을 밝혀주는 것이 요령이다. 그러한 의미에서 보면 조명디자인에서 필자가 자주 강조하는, '빛은 곧 보는 것과 같다'는 사실은 조명설계를 하는 데 있어서 놓치지 않고 고민해야 할 사항이다. 이렇게 수직적 요소를 확보하고 추가로 고객의 동선을 파악하여 제1, 제2의 수직적 요소를 확보하면서 상품의 결정과 구매까지도 연결할 수 있도록 한다.

자연광과 인공광의 조화

조명 디자이너는 상업공간에서 기본적으로 자연광을 배제하는 경우가 많다. 이는 다음 세 가지 이유 때문이다.

① 업종에 따라 다르지만 고객이 오래 머물수록, 그리고 매장의 매출이 높아지는 고급 상품을 취급할수록 외부 조망과 시선을 차단하기 위해 노력한다. 고객이 시간을 잊고 매장에 오래 머물게 하기 위해서이다. 그래서 백화점이나 대형 쇼핑몰은 거대한 콘크리트 상자에 고객을 가두고 창을 없애면서 외부로 향하는 시선을 내부의 서비스와 상품에 집중하도록 설계한다.

② 상업공간 설계자 입장에서는, 강한 자연광 때문에 상대적으로 실내가 어두워지는 현상을 선호하지 않는다. 매장의 면적이 클수록, 창가의 자연광 유입 영역과 자연광이 닿지 않는 부분 사이에서 발생하는 빛의 심한 양적 대비가 강한 휘도 차이를 발생시켜 불쾌감을 유도한다.

③ 자연광 유입 조건은 자연광 차단 조건보다 매장조명의 설계 난이도를 높인다. 앞서 낮 시간에 매장이 영업중인지 아닌지 쉽게 알 수 없는 조명환경을 사례로 설명한 바 있다. 보다 전문적인 설계 능력을 갖추지 않으면 다루기 어

려운 것이 자연광 설계 영역이다. 하지만 이를 배제하거나 충분히 고려하지 않은 설계 사례가 많다.

　자동차 전용도로의 긴 터널을 설계할 때 사용하는 방법으로 자동차가 들어오는 입구와 출구 부분은 터널등을 보다 조밀하게 배치하거나 출력이 높은 조명기구로 밝기감을 더 높여주는 설계가 있다. 주간에 갑자기 어두운 터널로 들어갔을 때 외부와 내부의 강한 밝기감(휘도) 차이로 앞이 잘 보이지 않는 암순응 문제를 해결하기 위함이다. 이를 상업공간에도 응용하자면 매장 출입구나 파사드 정면, 즉 고객 시선의 관점에서 매장 내부의 밝기감을 확보하여 접근성을 높이기 위한 조명설계가 필요하다. 주의할 것은 수평면 조도를 높인 고출력 천장설치 조명으로 바닥면만 밝히는 것은 밝기감을 확보하는 효과도 적어서 전기에너지만 낭비한다는 점이다. 상업공간에서도 KS권장 조도기준만 고려한 수평면 조도 확보 중심의 설계를 고집하면 이렇게 문제가 발생할 수 있다.

　다음의 오른쪽 이미지와 같이 매장의 쇼윈도와 안쪽 벽면에 조명을 설치해서 주간의 강한 자연광에 대비하고, 매장 입구에도 빛의 대형 캐노피를 설계할 수 있다. 만약 이 캐노피에 바닥면을 향하는 조명이 없다고 가정하면 캐노피 하부가 컴컴하여 매장 입구에 강한 그림자가 생기게 된다. 한낮의 햇빛이 강할수록 이 음영은

더욱 짙게 생성된다. 주간에는 이러한 음영을 없애면서 야간에는 자연스럽게 고객을 유도할 수 있는 빛의 웰컴-매트(Welcome mat)를 바닥면에 연출할 수 있으니 주야간 모두 유용한 조명설계 방식이다.

자연광 조건에 관련한 내용은 시공인(時空人) 분석에서 時(시간의 영역)에 해당되기도 하지만 내용의 구분상, 그리고 공간의 요소나 구성상에 있어 자연광 유입 조건이 각기 달라질 수 있으므로 상업공간의 조명계획에 있어서는 空(공간의 영역)으로 분류하여 정리한다.

위 그림의 자동차 매장 사례와 같이 천장고가 높은 실내공간의 경우, 기둥에 부착된 투광기의 빛을 천장부의 반사판에서 반사하여 주간에 외부의 강한 자연광으로 인해 생겨나는 실내의 어두운 음영을 완화하고, 상대적으로 어두운 천장면을 밝히는 조명연출 방법이 있다. 이 방법은 야간에도 내부 공간의 자연스러운 반사광을 연출하여 부드러운 빛을 조성할 수 있다. 주간에 외부의 강한 태양광으로 인해 자동

차에 생겨나는 그림자를 실내의 반사광을 통해 부드러운 음영으로 바꿈으로써, 변화하는 자연광에 의해 자동차의 입체감이 지나치게 과장되지 않도록 연출할 수 있는 모델링(Modeling)에 집중하는 역할도 담당하고 있다.

강하고 밝은 주간의 자연광으로 인해 내부 공간의 기둥이나 구조물에는 상대적으로 강한 음영이 발생한다. 이에 대한 대안으로 그 반대편에 조명을 설치하여 상대적으로 강해진 그림자들을 완화하거나, 아예 강한 그림자 느낌을 지우기 위한 빛의 설계가 필요하다. 이렇게 설계한 조명은 야간에는 주간과는 정반대의 흥미로운 조명을 연출한다. 주간과 야간의 빛의 설계가 서로 다르게 연출되기 때문에 고객의 관심을 끌기 위한 상업공간의 조명으로서는 더욱 가치 있는 빛의 설계에 해당한다.

넓게 트인 통유리를 통하여 들어오는 풍부한 자연광은 밝기감도 상쾌하고 외부와 자유롭게 시선이 통하게 되어 집객 효과도 상승하게 된다. 하지만 풍부한 자연광이 창가 주변 안쪽에 놓인 쇼케이스와 상품에 만들어내는 그림자에 대한 대비가 필요하다. 강하고 밝은 빛에 의한 그림자는 더욱 깊고 어둡다. 그래서 쇼케이스와 상품이 놓인 곳에 강한 국부조명으로 다운라이트나 스포트라이트를 설치하여 강한 음영을 누그러뜨리는 것이 중요하다. 고객의 입장에서도 외부의 경관을 볼 수도 있으며 실내에서도 창가 주변과 매장 중심부의 각기 다른 빛의 환경을 모두 체험할 수 있어 흥미로운 공간이다. 하지만 조명설계를 진행하는 설계자 입장에서는 보다 디테일한 조명계획이 수반되어야 한다.

이는 외부의 자연광을 실내, 특히 지하 공간까지 깊숙이 들여놓기 위해 썬큰가든(Sunken Garden) 효과로 설계한 사례이다. 썬큰 주변 인공광 설계 환경의 느낌과 안쪽 공간의 매장조명을 비교하면 마치 밤과 낮이 공존하는 듯한 착각을 불러일으키게 한다. 썬큰 가든의 바닥면에 사용하는 석제 타일도 야간과 주간이 다른 느낌으로 연출될 수 있도록 주변의 식생 조명과 조화를 생각하며 설계를 진행해야 한다.

외부의 강한 자연광에 필요한 쇼케이스 조명과 썬큰가든 조명

일반적으로 공간설계자들은 대형매장에 자연광을 유입하기를 꺼린다. 하지만 커피숍이나 레스토랑의 경우 고객의 외부 조망을 위해 큰 창을 만들거나, 2~3층 또는 고층에서 파노라마 뷰를 제공해야 할 때도 있다. 이를 위해선 자연광 유입 조건에 상응할 수 있는 조명계획이 필수적이다. 필자가 자주 언급하는 말이지만 빛은 곧 시선이기 때문에, 시선의 관점에서 조명을 고민한다면 빛의 계획도 시선이 나아가고 머물게 되는 지점을 중점으로 두고 설계해야 한다.

외부의 강한 자연광 유입은 주간에 경쾌한 매장 이미지를 연출하고 멋진 전망으로 기분 좋고 쾌적한 태양광을 실내에서 만끽할 수 있게 해준다. 그런 면에서 이는 매우 훌륭한 빛의 환경이라고 할 수 있다. 하지만 설계자 입장에서 조금만 주의를 소홀히 한다면, 강한 자연광으로 인해 천장 부분과 실내의 소파, 의자, 테이블 등에 생겨나는 강한 그림자가 짙게 드리워진다. 밝음과 어두움의 콘트라스트가 강해져 긴장도가 높아지고, 마주한 인물의 표정도 너무 강한 인상으로 인식되는 문제가 발생하게 된다. 그러므로 주간에도 외부의 강한 자연광 유입에 대응할 수 있는 인공광 계획이 체계적으로 준비되어 있어야 한다. 태양광 유입에 따라 강한 음영이 생성될 수 있는 영역은 특히 밝기감을 확보할 수 있도록 直에 보다 신경을 써야 한다. 그리고 매장의 규모가 크다면 멀리 떨어진 탁자나 바닥도 관찰자와의 시선에서 일정 이상 거리가 확보되어 平이 直으로 인식되므로, 테이블 면의 밝기감을 확보하기 위해 펜던트라이트, 다운라이트 등 위에서 아래로 강한 방향성을 가진 조명을 설치하여 立도 덤으로 확실하게 얻어내는 설계가 가능하다.

강한 자연광에 대응할 수 있는 효율적인 조명설계 (스타벅스 리저브 로스터리 도쿄)

다음과 같이 천장의 높이가 높고 공간의 규모가 커서 내부의 음영이 생길 때는 어떻게 해야 할까? 천장에 설치된 다운라이트의 보다 정교한 에이밍(Aiming)으로 고객 동선을 피하면서 하부의 테이블 등의 가구 요소에 배광할 수 있도록 해야 주간에 외부의 자연광에 깊은 음영이 생기지 않는 인공광 설계가 가능하다.

천장 다운라이트와 2층에서의 조망 (스타벅스 리저브 로스터리 도쿄)

자연광을 적극적으로 활용하려는 남유럽의 경우, 시장의 대형 푸드 코트에서도 천장 캐노피 일부를 투명 또는 반투명 소재로 하여 태양광을 유입시키고, 음영이 생길 수 있는 부위에는 인공광 설계를 적용한다. 매달아 설치한 펜던트 조명 방식도 유럽의 가로조명 설치 방식을 닮아있어 재미있다. 오른쪽 이미지는 자연광이 유입되는 보이드 공간 바로 옆의 푸드 코트 사례이다. 벽면에 설치한 조명의 빛이 천장 구조물에서 반사되어 간접광으로 자연광이 만들어내는 강한 그림자를 상쇄시키고 있다. 이러한 간접 연출은 슈퍼 앰비언트 라이트(Super Ambient Light)로 인공광의 강한 방향성으로 인한 그림자를 없애면서 부드러운 빛으로 연출되어, 보다 자연광에 가까운 느낌을 구현할 수 있다.

포르투갈 리스본, 타임아웃 마켓(좌) / 포르투갈 포르투 Via Catarina 푸드 코트(우)

고객의 시선과 동선을 유도하라

상업공간에서 조명의 중요한 역할 중 한 가지는 고객이 매장으로 들어가기 쉽도록 접근성을 높여주는 것이다. 다음의 왼쪽 이미지를 보면, 조명의 상황을 거론하기 이전에 바닥과 벽, 천장 모두 비슷한 휘도를 갖는 건축 마감재로 완성된 것이 가장 큰 문제이다. 휘도는 조명의 광원이 가진 밝기감이 아니라 반사되는 면의 빛을 인간이 어떻게 인지하는가에 중점을 두고 있는 밝기감이다.

고객의 입장에서 들어선 매장의 천장과 바닥 그리고 마주한 앞과 좌우의 세 벽면을 합쳐 가상의 5면체 상황을 볼 때, 각 면이 서로 밝기감(휘도)의 대비가 거의 없다. 그래서 시선을 어디로 향해야 할지 모르게 된다. 거기에 조명도 전체적으로 直 중심으로 공간의 전체적인 밝기감을 확보하는 것에만 중점이 맞추어져 있어, 이동을 위한 복도와 쇼케이스를 쉽게 구분하기 힘들고 상품으로의 접근성도 낮다. 고광택 소재 바닥면 설계로 인한 거슬리는 번들거림도 이 경우에는 시공상의 오류로서 안 좋은 의미로 부각되고 말았다. 전반조명과 국부조명의 구분도 없이 낮은 색온도의 간접광이 편안한 느낌을 준다는 한 가지 원칙만 고수하다 보면 平直立이 목적에 따라 적절한 비율로 구성되지 못하며, 구체적 설계 방법이 없으면 이렇듯 비슷한 조명환경을 양산하게 된다. 오른쪽의 경우는 그래도 쇼케이스 자체가 어두운색이라

주변의 휘도와 대비가 발생하여 상대적으로 시선을 상품 쪽으로 옮기기에 편하지만, 전반조명과 상품 진열대와의 밝기(휘도) 대비가 경쾌하지 않아 답답하게 느껴진다. 이 경우에는 전반조명으로 사용된 조명을 보다 낮추면서 쇼케이스 조명의 휘도를 높이는 방향으로 설계를 수정하는 것이 바람직하다.

백화점이나 쇼핑몰 내부에서 고객이 개별 브랜드 매장으로 유입될 때 매장의 전체적인 느낌이 한눈에 들어오고, 밝음과 어두움의 대비(명암 대비)로 동선을 쉽게 판단할 수 있어야 한다. 그래서 왼쪽의 이미지처럼 개별 매장의 바닥면은 명도가 높은 밝은 마감재를 사용하고 조명도 그에 상응하도록 매장 쪽을 밝게 연출해준다. 오른쪽의 경우는 복도 쪽에는 조명의 배광을 억제하고 복도에 설치한 스포트라이트는 매장 쪽으로 향하도록 배치하여 시선을 개별 브랜드 매장으로 유도하고 있다. 고객의 입장에서 시선이 편안하며 동선을 결정하는 데도 용이한 쾌적한 조명환경이다. 이러한 조명계획은 매장의 마네킹에 닿는 조명을 입체적으로 구성하여 立을 높여주는 효과도 얻을 수 있다. 두 사례 모두 바닥면과 천장면의 마감재 선정에 있어 밝기가 다르다. 이를 조명이나 시지각 인지적 측면에서는 휘도라고 할 수 있는데, 이 사례는 고객의 시선을 중심으로 마감재의 휘도 설계가 섬세하고 유용하게 적용되어 있음을 알 수 있다.

매장의 상품을 잘 보이도록 하기 위하여 설계단계부터 집중하려면 무엇보다 전반조명에 너무 큰 비중을 두지 않는 것이 좋다. 상품이 잘 보이도록 쇼케이스의 국부조명을 먼저 설계 반영하고, 부족한 부분에만 전반조명을 설계한다. 백화점이나 대형 쇼핑몰이라면 높은 천장고로 천장에 설치한 조명들의 배광을 적정하게 상품까지 도달하도록 연출하기 힘든 경우가 많다. 그래서 특별히 광학설계가 적용된 고가의 제품을 적용해야 한다. 하지만 그렇지 못한 매장에는 배선덕트(레일조명+스포트라이트) 조명시스템을 적용하여 광원의 위치를 낮추거나, 펜던트라이트를 적용하는 것도 고려할 수 있다. 펜던트라이트의 경우 전등갓이 너무 커서 고객의 동선과 시야에 방해를 주지 않도록 입면 설계를 충분히 고려하는 것이 바람직하다. 상업공간에서 상품이 부각되지 않는 이유는 다음의 세 가지를 이유로 들 수 있다.

첫째, 공간구조상의 설계 문제로서 공간의 긴장도가 발생하지 않는 밋밋한 공간이 연출된다. 뒤에서 더 자세히 다루겠지만 VP-PP-IP로 연결되는 고객의 시선과 동선이 점차 상품이 놓인 쇼케이스로 향할 수 있도록 설계되어야 한다. 하지만 바닥-벽-천장으로 연결되는 가상의 5면체에서 각 면의 휘도(밝기) 대비가 약하면 고객의 시선은 분산되고 구매를 위한 동선과 시선이 불안정해지기 쉽다. 그러면 산만하고 상품에 집중하기 힘들어지게 된다. 5면의 휘도 대비가 조명계획에 우선한다.

공간의 초기 기획 단계에서부터 조명을 함께 고민해야 하는 이유이다.

둘째, 조명설계 문제로서 적정한 전반조명과 국부조명의 대비가 필요하다. 전반조명과 국부조명의 비율은 상품의 종류와 크기에 따라 달라지는데, 의류의 경우 수평면 조도기준으로 3~5배 정도이며 시계나 반지, 안경 등의 작은 액세서리 등은 전반조명의 10배 정도의 밝기감이 필요할 때도 있다. 상품이 진열된 쇼케이스 이외의 공간은 조명의 배광을 억제하고 부족한 부분에 한해 조금씩 더해가면서 설계하는 것이 정석이다.

셋째, 매장의 상품이 진열되는 쇼케이스(판매대)의 부적절한 조명이 문제이다. 쇼케이스 조명이 가지는 문제는 매장 전반의 조명설계와 연계하여 큰 그림에서 살펴보아야 하며, 쇼케이스 조명과 매장 전반의 조명은 상호 보완하여 상품을 돋보이도록 연출되어야 한다. 상품이 돋보이기 위한 쇼케이스는 주로 내부 공간에서의 적정한 바닥-벽-천장에 대한 명암 대비와 같이 제품을 돋보이기 위한 빛의 반사 특성, 즉 적합한 휘도를 드러낼 수 있는 색상, 재질의 반사 특성이 중요하다. 붉은색 사과를 돋보이기 위해 일부러 녹색 포장재를 부분적으로 감싸는 것과 같은 원리이다. 상황별로 다르겠지만 쇼케이스의 외부 색상이나 재질이 조명 조건에 우선한다. 상품을 돋보이기 위한 빛의 계획으로서 밝은 조명 조건만이 해결책은 아니다.

왼쪽은 유행하는 조명 방식을 백화점식으로 나열하다 보니 상품과 그 배경이 되는 공간 요소 중 어느 것에도 시선을 집중시키지 못했다. 그래서 쇼케이스나 행거를 유니크하게 설계하였음에도 불구하고 상품 자체에 대한 강조도 없고 고객의 동선을 편안하게 연출하지도 못했다. 이렇게 다양한 상품이 모여 연출된 상황이라면, 천장에 설치한 조명 외에 쇼케이스에 직접 설치되는 조명도 설계에 적용하는 것이 좋다. 오른쪽은 바닥과 천장 그리고 3면의 벽이 모두 비슷한 휘도를 갖는다. 따라서 5면의 밝기(휘도)의 대비가 약해 고객의 시선이 어디로 향해야 할지 산만해진다. 이는 상품에 대한 조명이라기보다는 학교 교실이나 공장 작업대에서 필요한, 작업을 위한 平 위주로 설계되었기 때문이다. 연색성도 지나치게 낮아 색채감이 중요한 의상들이 제대로 시선을 끌지 못하며, 천장부 중심의 불필요한 장식조명은 어떠한 역할도 담당하지 못하고 있다.

고객의 시선이 상품에 집중하기 힘든 조명환경

매장에서 빛나야 할 것은 상품이다. 하지만 획일적인 수평면 조도를 높은 균제도 중심으로 설계하면 고객의 동선과 상품이 진열된 쇼케이스가 같은 밝기감으로 연출되고 만다. 그 결과, 상품이 돋보이기 어렵다. 오히려 고객이 이동하는 복도가 밝아서 상품이 잘 안 보이게 되는 경우가 많다. 과도하게 불필요한 장식을 하는 것도 시선을 끌 수는 있지만 바로 눈을 찌푸리며 시선을 돌리게 만들고 만다.

이에 대한 대안으로 이상적인 매장의 조명환경은, 어둑한 이동 동선을 따라 걷다가 빛나는 곳을 우연히 바라보면 그곳에 상품이 진열되어 있는 상황으로 연출하는 방법이 있다. 그리고 대규모 쇼핑몰에서도 상대적으로 어둑한 복도 등 상품이 놓인 쇼케이스가 아닌 전이공간을 걷다가 밝게 빛나는 매장을 보게 되면, 자연스럽게 빛의 동선으로 유도되어 매장으로 발걸음을 옮기게 된다. 이것이 상업공간에서 상품과 고객이 만나게 되는 극적인 장면을 자연스럽게 연출하기 위한 빛의 계획이다.

다음은 매장의 바닥과 천장, 벽이 적정한 휘도 대비를 형성할 수 있도록 마감재와 색상을 신중히 적용한 사례이다. 벽부에 설치한 선반형 쇼케이스도 세부 조명이 잘 설치되어 있어 모든 상품이 잘 보이며, 중앙에 설치된 대형 쇼케이스의 상품에 제일 먼저 시선이 가도록 휘도상의 우선순위(위계)를 세웠다. 또한 각 브랜드의 사인도 시인성이 높고 장식이 지나치지 않다. 통합적 관점에서 체계적으로 공간을 설계하기 위하여 섬세하게 기울인 노력이 돋보인다.

상품이 돋보이는 공간계획과 조명환경 (서울 명동 신세계백화점 지하 매장)

빛의 육하원칙, 쇼윈도 조명의 오류

삼파장 매립형 다운라이트는 국내 일반적인 상업공간에서 널리 사용되고 있는 광원이다. 천장에 타공하여 매립하는 시공으로 마무리하고 가격도 저렴하다는 특징이 있다. 최근 삼파장 대신 LED로 바뀐 것 외에는 이전과 차이는 없다. 발광 부위가 그대로 노출되면 글레어가 심해지는 큰 문제가 생긴다. 그리고 이러한 방식의 가장 큰 오류는 쇼케이스나 테이블, 행거 등의 하부 공간구성을 무시하고 입구부터 매장의 안쪽 구석까지 균일한 수평면 조도를 유지하고 있다는 것이다. 매장이 무조건 밝아야 한다는 잘못된 철칙을 지키고자 보다 높은 출력(W, 와트 수)의 조명을 조밀하게 설치할 것을 요청하는 점주나 클라이언트가 많다.

이러한 수평면 조도에 대한 무조건적인 믿음은 아직도 큰 위력을 발휘하고 있다. 공간에 대한 빛의 인식이 '밝다' 또는 '어둡다'로 양분화되어 있으면, 조명설계도 어둡지 않도록 밝게만 하면 만사형통인 상황이 되어버린다. 하지만 그 공간에서 조명이 필요하다면 누가(Who), 언제(When), 어디서(Where), 무엇을(What), 어떻게(hoW), 왜(Why)라는 빛의 육하(6W)원칙으로 고민하면서 설계하면 보다 쾌적한 빛의 공간을 연출할 수 있게 된다.

이제는 바뀔 때가 되었다. 전문적인 조명설계자가 아니더라도 전기공사 업체나 사업자가 전문적 지식이 없는 클라이언트에게 이 같이 설명할 수 있어야 한다. 상업공간 조명은 고객이 상품을 구매하고 서비스를 받는 데 필요한 쾌적한 매장조명을 연출하는 것이 목적이다. 이를 위해 고객이 매장으로 접근하는 동선과 매장의 상품이 놓인 쇼케이스로의 시선을 유도하고, 상품과 서비스의 판단 과정과 자신의 구매결정을 긍정적으로 인식할 수 있도록 하는 조명계획이 필요하다. 단순히 '매장을 밝게' 연출한다는 식의 조명계획은 중요한 다른 요인들을 무시하는 것이 된다.

원인은 상업공간뿐 아니라 기존의 조명에 대한 일반적 인식에 있다. 밝거나 어둡거나 그래서 조명을 켜거나 끄거나 하는 극도로 양분된 조명환경에 노출되어 있기 때문이다. 많은 시간을 보내고 있는 주거 환경에서조차 쾌적하고 편안한 빛보다는 높은 긴장도의 차가운 형광등 불빛에 익숙해질 수밖에 없기 때문이다. 잠들기 전까지 무조건 밝은 빛의 환경에 노출되는 것이 당연한 주변의 조명만이 당연하다고 알고 있다면, 시간대별로 다른 밝기와 색온도의 광원을 목적에 맞는 조사각도로 배치하여 적정한 공간의 배광 조건을 찾아내고, 생체리듬과 건강까지 고려하는 조명환경 설계 방법이 다양하게 존재한다는 것을 알기 어렵다. 좋은 것을 알기 전까지는 상관없지만, 알고 나면 기존의 것을 바꾸어야겠다는 생각이 들기 시작할 것이다.

다음의 매장 내부에 설치된 다운라이트들을 보자. 앞서 공간조명에 대한 잘못된 선입관에 의해 매장 전체를 고르게 밝히는 조명, 수평면 조도 중심의 균제도 우선 조명, 그 이상도 이하도 아닌 조명설계이다. 그러다 보니 기획 의도가 불분명하여 매장공간 내부에서 시각적인 강조와 생략이 없고 조명의 배광 기준에 있어서도 선택과 집중이 없는 획일적인 조명환경이다. 고객은 매장에 들어서기 전부터, 쇼윈도 앞에서 매장을 바라보고 심지어 매장 안에서 상품의 구매를 결정하고 나설 때까지, 끊임없이 선택하는 과정을 겪는다. 조명설계자라면 단순히 매장 내부를 밝히는 것에서 그치지 않고, 고객을 매장으로 유도하고 상품에 집중시킬 수 있는 조명을 기본적으로 구성할 수 있어야 한다. 매장 밖에서 보기에 쇼윈도의 마네킹이 부각되어 보이지도 않고, 마네킹의 의상이 돋보이게 매장 내부의 전경과 일정 부분 분리되지도 않은, 천장면에 어지럽게 설치된 수많은 다운라이트처럼 산만한 이미지이다. 매장 안으로 들어선 아래의 이미지도 마네킹, 행거, 쇼케이스 등 모든 대상이 비슷한 정도로 보이고 있다. 시선을 어디에 두어야 할지 모를 정도로 산만하다. 오히려 매장공간의 중심부에 있는 행거의 의상들은 벽면에 비해 어둡게 보인다. 이렇게 균일한 간격으로 천장에 배치하는 조명 방식의 벽면 쪽은 배광이 잘려서 빛의 반사량이 늘어나기에 휘도도 증가한다. 그래서 벽면 쪽이 밝아지는 현상이 발생한다. 조명계획 이전에 공간 전체에 대한 VM의 기획도 부족함이 많아 아쉬운 매장이다.

다음의 왼쪽 이미지 역시 균등하게 밝혀준 매장으로 쇼윈도 마네킹의 효(效)이 부적절하다. 콘트라스트(대비)가 너무 강해서 옷이 제대로 입체적으로 보이지 않으며, 마찬가지로 매장 내부 중심부에 있는 행거 쪽 의상은 잘 보이지 않는다. 오른쪽 사례도 쇼윈도 마네킹의 적정한 효(效)이 부족하고 매장 내부에 直도 기본적으로 갖추어지지 않아 고객의 접근성을 높이는 데 전혀 도움을 주지 못하고 있다. 조명이 내장된 사인물로 겨우 매장의 입구에 고객의 시선을 끌고 있는 정도이다. 우선 매장의 입구인 파사드나 쇼윈도에서부터 잘못된 조명연출로 인해 불쾌한 이미지가 강하여 고객 유도에 실패하기 쉬운 사례들이다.

平直立 균형의 중요성

상업공간의 조명디자인에서도 거시적 관점에서의 공간 이해와 환경디자인적 이해가 부족하다. 구체적으로 단일 광원의 획일적 설계, 평면도상 천장 매립형 조명만 적용하여 몇 미터 간격으로 배치만 하는 설계 방식이 많다. 그나마도 실내건축(인테리어) 설계 이후, 천장면에만 KS권장 조도기준으로 설치하면 그만이라고 생각한다. 이러한 비전문적 설계는 평면뿐 아니라 입면상으로도 조명기구를 획일화시켜 조명기구의 설치 높이에 대한 구분과 차별화도 이루어지지 않는다. 상품을 부각하고 세부 공간의 목적별로 고객과 점원의 행위에 의거한 전반조명 대비 국부조명의 강약에 대한 균형도 고려하지 못한다.

다음의 그림과 같이 공간의 입면에서 하부는 바닥면으로부터 1,500, 상부는 1,500 이상의 높이로 임의로 나누어 생각할 수 있다. 기본적으로 공간에서 빛의 구성은 상부와 하부로 나눈다. 만약 상부에 필요한 기능상의 광원을 모두 배치해야 하는 조명환경이라면 하부, 즉 고객의 행위와 목적에 맞춘 의자, 테이블, 쇼케이스 등의 가구나 동선에 맞추어 상부의 광원을 배치하는 것이 원칙이다. 그래서 하부의 공간구성이 정확하게 결정되지 못하거나 변화가 자주 일어나야 하는 경우라면, 이러한 하부의 공간구성을 무시하고 획일적인 천장 광원을 일정한 간격으로 설치하는 조명계획이 이루어진다. 이러한 조명계획은 공간의 전체적 밝기감을 확보하는 면에서는 효율적이라 주로 학습이나 업무를 위한 학교, 사무실에서 주로 사용하는 전반조명 방식의 연출법이다. 그 결과, 획일적이고 지루하면서 밋밋한 공간으로 인식되어 고객에게 좋은 인상을 남기지 못한다. 대형 창고 매장의 경우 이러한 조명설계가 주류를 이루지만, 최근에는 SPA 브랜드나 SSM과 같은 박리다매(薄利多賣) 전략의 매장에서도 이전과 다르게 상품에 집중하기 쉬우며 쾌적한 쇼핑 환경을 조성하도록 조명계획을 세운다. 천장 매립형 전반조명의 비율을 낮추고, 상품이 진열된 대형 쇼케이스(판매대)를 돋보이게 하는 노력을 기울이고 있다.

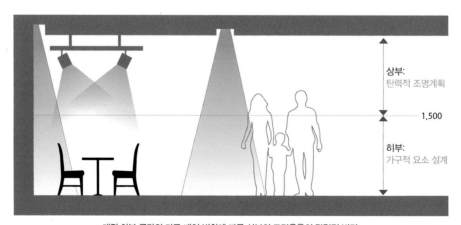

매장 하부 공간의 가구 배치 변화에 따른 상부의 조명운용의 탄력적 변경

상업공간의 특성상 매출이 기대에 미치지 못하거나 계절 변화로 전시 제품의 기획이 달라져서 쇼케이스를 재배치해야 하는 경우가 자주 발생한다. 이는 주거공간이나 공공시설에서는 크게 신경 쓰지 않아도 되지만 상업공간의 조명계획에서는 매우 중요한 요소이다. 즉 상업공간에서는 이러한 공간구성과 조명환경의 가변성까지도 고려한 조명디자인이 요구된다.

대형 브랜드나 고급 제품의 매장에서는 디자인 기획이 철저하게 이루어지기 때문에 일정한 기간을 두고 시즌별로 체계적인 공간구조나 조명의 배치를 신중하게 바꾸지만, 매장의 규모가 작고 영세한 업종일수록 쇼케이스 위치나 주력 상품의 변화가 많아서 이러한 조명계획의 변화도 자주 일어나게 된다. 이런 문제를 해결하기 위해 광원의 가변적 설치가 가능한 배선덕트(레일조명) 방식의 조명기구를 활용한다. 업계에서 레일조명이라고도 지칭하는 조명연출법이다. 주로 커피하우스나 의류 매장 등에서 적용된 사례를 자주 보게 된다.

또 다른 해결 방법으로 전반조명과 국부조명의 조화를 통해 균제도를 낮출 수 있는데, 전반조명의 비중을 낮추고 상품이 놓인 부분을 밝힐 수 있는 국부조명을 적용하여 보다 매장 내부가 입체적으로 인식될 수 있도록 하는 노력이 필요하다. 이러한 방법은 획일적으로 설계된 조명으로 인해 발생하는 높은 균제도를 해소하는 데 도움이 될 것이다.

배선덕트(레일+스포트라이트) 조명시스템과 상품 중심의 국부조명

상업공간에서 간접조명 방식의 조명설계가 유행처럼 번지면서 빛의 수직적 요소(直)만 지나치게 강조된 공간이 너무 많다. 고급 자재의 인테리어가 멋진 일류 셰프가 운영하는 유명한 레스토랑일지라도 이러한 빛의 설계를 만나면 오히려 음식의 맛과 분위기를 해칠 수 있다. 그래서 해당 공간별로 이루어지는 행위에 적합한 빛의 요소를 갖추는 것이 중요하다. 다음의 사례는 공간의 긴장도를 낮추어 편안한 느낌을 주는 데는 성공했지만, 입체적 요소(立)가 떨어져 마주하고 있는 대상의 표정을 인식하기 힘든, 커뮤니케이션에 지장을 주는 불편한 조명환경이 되고 말았다. 直 중심으로 설계하되 立 요소도 테이블 위에 추가하여 균형감을 갖도록 하고 획일적인 설계는 지양하는 자세가 요구된다.

다음 이미지는 백화점 VIP 휴게실 내부 공간이다. 이 역시 直이 잘 갖추어져 전체적으로 편안한 이미지의 휴식 공간으로서는 적절하지만, 立이 약하여 마주한 상대의 표정을 읽기 힘들고 원활한 커뮤니케이션에 방해가 된다. 이때 直은 단순하게

벽면을 비추는 의미에서의 수직적 요소에 머무르지 않는다. 그것은 공간의 인상을 보다 편안한 이미지로 연출하기 위해 사물의 입체감을 부각시키는, 立에 반대하는 성질의 빛을 강조하는 의미에서의 수직적 요소를 지칭한다. 그래서 간접광 설계 전반에 걸친 조명계획은 모두 直에 포함된다. 오른쪽의 경우 간단하게 눈을 감고 쉬어 가기 위한 휴식 기능을 중점으로 한다면 直 중심의 설계로서 적정한 조명환경이지만, 대화와 커뮤니케이션의 목적성을 강조하려면 테이블 위에 빛의 방향성이 강한 平 조명을 추가하여 立을 확보하는 방법으로 개선하는 것이 바람직하다.

平 · 直 · 立 중 平만 강조한다면 공간의 긴장도만 지나치게 높아져 마치 학교나 공장에 있는 듯한 느낌이 연출된다. 直만 강조한다면 편안한 느낌은 극대화되지만 마주 보게 되는 상대방의 표정이나 모습을 입체적으로 인지할 수 없어 오랜 시간 그 공간에 머물수록 답답한 느낌이 든다. 그리고 立만 강하게 느껴지는 빛의 공간에서는 어느 한 요소만 강조되었을 때 사물이나 상대의 입체적 이미지는 확실하게 전달받지만, 시각적 배경이 되는 공간에서 편안한 느낌이 배제되어 긴장감이 높은 인상을 받게 된다. 결국은 각각의 平 · 直 · 立 요소가 적절하게 균형을 갖추고 있어야 한다. 여기에서 각각의 平 · 直 · 立 요소는 원거리, 근거리로 나누어 평면도상 여러 지점을 임의로 정하여 관찰자의 시점에 따라 어떠한 씬(Scene)으로 보일지를 상상

하면서 조명계획을 세우는 요령이 필요하다. 15m 이상의 거리에서 보이게 되는 장면의 조명계획이라면 直이 강조되어 공간의 전체적 밝기감을 확보하고 편안한 인상의 느낌이 들도록 광원을 설계해야 하고, 테이블의 조명을 설계할 때는 마주 보는 대상의 표정을 제대로 읽고 원활한 커뮤니케이션이 되도록 立이 강조된, 공간의 상부에서 하부로의 방향성이 강한 다운라이트나 펜던트 타입의 광원설계가 요구된다.

다음의 사례와 같이 커뮤니케이션 기능이 중요한 카페나 식당의 경우, 매장 전체의 밝기감을 효율적으로 확보하고 편안한 공간인상을 위한 直이 기본 바탕이 된다. 그리고 테이블 위에 펜던트라이트로 위에서 아래로의 방향성이 강한 平이 보완되어 결과적으로 立이 충분히 확보되어 있음을 확인할 수 있다(立=平+直). 따라서

덴마크 코펜하겐

直과 效의 균형이 좋은 식당조명(일본 도쿄)

상대의 표정을 읽기 쉽고 식사나 차를 즐기면서 상대와 대화하고 소통하기 위한 쾌적한 빛의 공간이 연출되어 있다. 반대로 直 없이 平만 설치되어 있다면 주변부와 강한 휘도 차이가 생성되어 공간의 긴장도가 상승하면서 불편한 공간이 되니 주의가 필요하다. 이 역시도 매장의 면적과 테이블 외 다른 가구적 요소에 따라 세부적인 조정이 필요하다.

상업공간 조명기구의
효율적 활용

상품 전시와 조명

매장에서 사용되는 건축화 간접조명에는 대표적으로 코브, 코니스, 밸런스, 업라이트 방식이 있다. 直 중심의 설계로 매장 전체의 편안한 밝기감을 확보하고, 매장을 실제보다 넓고 개방감 있게 연출할 수 있다. 기본적으로 간접광이라 고객의 시야에 눈부심이 없으며, 상품이 진열된 쇼케이스에 가까이 설치된 간접조명이라 일반적으로 매장의 천장부에 설치되는 조명과 비교하여 고객이나 점원의 몸에서 생겨나는 그림자가 없기에 보다 쾌적한 쇼핑이 가능하다.

하지만 이러한 건축화 조명은 매장공간의 전반적 밝기감을 확보하기 위한 전반조명으로 이를 인식하고, 상품이 놓인 선반식 쇼케이스 하단부의 음영을 해결해줄 세부적인 조명계획 등 국부조명도 함께 고민하고 설계할 수 있어야 효과적이다. 다음의 표에서 설명하는 코브는 매장 벽부나 쇼케이스에 적용되는 타입으로, 공공시설이나 다른 공간 사례에서 사용되는 코브와는 배광이나 천장과 벽의 입면 설계가 서로 다르니 주의가 필요하다.

상업공간의 대표적인 건축화 조명

	코브	코니스	밸런스	업라이트
도해				
특징	천장 일부와 벽면을 비추어 상단의 제품 강조에 유리	벽을 강조하여 매장 전체가 넓게 보이는 확장감	천장과 벽을 동시에 비추어 공간 긴장감을 낮춘 매장 분위기	효율적 전반조명으로 매장 전체의 편안한 밝기감 확보
주의	선반형 쇼케이스 하단부의 상품에 대한 국부조명 필요	깊은 음영이 생기지 않도록 벽에서 적정거리 유지	선반형 쇼케이스 하단부의 상세조명 필요	상품을 개별로 강조하기 위한 조명계획을 철저히 하기

가운데 이미지는 쇼핑몰의 양 쪽 벽을 코니스로 설계하여 공간의 각 면에 대한 휘도 대비로 적정한 긴장감을 생성하고, 비대칭이며 유기적으로 천장에 설치한 다운라이트로 최대한 편안한 이미지를 만든 매장 복도 조명계획이다. 오른쪽은 밸런스 설계로 주로 화장실에서 가장 많이 사용하고 있는 간접조명 방식이다.

공간의 확장감을 높이고 강조하며 편안한 밝기감을 확보하는 코브, 코니스, 밸런스

매장 쇼케이스의 다양한 조명 방식

개별 상품 집중력이 좋고
매장 안쪽까지
고객 동선 유도에 유리

공간 확장감 확보
개별 상품 집중력 양호

선반 자체가 발광하여
상부와 하부를 밝히는 방식 /
소품 진열에 유리

건축화 조명의 간접+
전반조명과 함께 사용하여
개별 상품을 강조

매장 안쪽까지 고객
동선 유도+개별 상품 강조 /
하단부 상품의 밝기 부족

효율은 우수하지만
주목 상품에 선택과
집중이 어려움.
스포트라이트와 겸용 추천

배광이 적정하여
제품별 추가 조명 불필요 /
글레어에 주의

쇼케이스 상부에 있는 천장으로 조사하는 빛은 공간의 전반조명으로서도 충분히 역할을 담당하여 공간을 보다 넓어 보이게 하는 효과가 있다. 주의할 점은 주로 옷이나 신발의 윗부분에 설치되는 광원이 방향성이 강하고 광원과 대상(상품)과의 거리가 가까운 경우가 많아 상품의 윗부분만 밝고 아랫부분은 어두운 경우가 많다는 것이다. 이것은 상업공간의 내부조명 사례 중에 가장 자주 발생하는 NG 사례이다. 이를 개선하기 위해서는 상품에 고르게 전반조명이 조사될 수 있도록 쇼케이스에 부착된 조명과 밝기감에 대한 균형을 잘 맞추는 것이 필요하다.

스포트라이트

매장의 안쪽 벽에 월-워셔나 코니스 조명 등의 건축화 조명을 설치하면 편안한 밝기감을 확보할 수 있다. 그리고 공간의 깊은 부분까지 고객의 시선이 소통할 수 있어 매장 전체를 시원스럽게 보여줄 수 있고, 매장 밖의 가로에서도 쇼윈도를 통해 들여다보는 탁 트인 시야로 보다 접근성이 뛰어난 개방적인 매장으로 인식되어 고객의 발걸음을 유도하게 된다. 스포트라이트를 적용하여 강조해야 할 상품에 휘도를 높이는 세밀한 추가 설계작업이 중요하다.

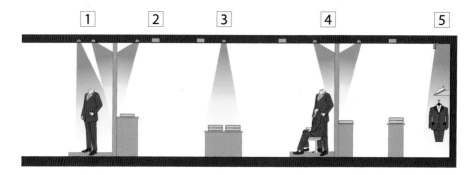

매장에 사용되는 다양한 스포트라이트 적용 사례

1 매장으로 고객을 유도하기 위한 마네킹과 쇼윈도를 위한 강조 조명

2 전반조명으로 사용하는 다운라이트로 상품에 빛을 집중하기 위해 최소화하는 것을 권장

3 특정 상품을 강조하여 연출

4 매장 내부 기둥 위쪽을 비추어 直을 확보하여 공간의 밝기감을 연출

5 가장 안쪽 벽면을 조사하여 점차 내부로 고객의 시선과 동선을 유도하고 공간의 확장감 연출

상업공간, 매장은 계절 변화, 신상품의 출시, 특별 이벤트용 광고물, 쇼케이스 이동에 따른 고객 동선 조정 등의 이유로 매장 내부의 쇼케이스, 행거, 마네킹, 상품 전시 선반 등의 위치를 자주 바꾸게 되는 경우가 많다. 식당도 테이블과 의자의 위치를 조정해야 할 때가 있으며, 이를 위해 조명도 가구 변화에 대응하기 쉽도록 설계하는 것이 유리하다. 이때, 배선덕트(레일) 조명시스템을 활용할 수 있다. 배선덕트를 설치하고 스포트라이트를 배치하고 수량과 위치, 조사방향 등을 자유롭게 조절하면서, 매출 증진에 유리할 수 있도록 공간의 조명환경을 탄력적으로 변화시킬 수 있다.

배선덕트＋스포트라이트를 활용한 가변적 매장조명 운용

월-워셔(Wall washer) 조명의 효과

월-워셔는 조명의 빛으로 벽을 씻어 내리듯이 벽 전체를 고르게 밝혀주는 조명기구이다. 월-워셔 조명 방식으로 상품을 비추면 상품이 진열된 쇼케이스가 벽의 성격에 가깝게 느껴져 실제보다 개방감이 높고 탁 트인 공간으로 넓게 인식된다. 이 경우 쇼케이스의 색상 또는 명도가 매장 마감재와 너무 심하게 차이 나지 않도록 하는 것이 바람직하다. 별도로 상품을 강조하기 위한 국부조명이 없는 조명설계이기 때문에, 월-워셔 조명 주변에는 전반조명을 위한 다운라이트 등 방향성이 강한 조명을 설치하지 않는 것이 좋다.

월-워셔는 공간의 넓이감이나 개방감이 상승하여 상품의 종류와 양이 많은 SPA 매장에서 주로 사용하면 보다 효과적이다. 매장의 중심부에는 매장 밖의 고객을 유도하고 매장 내 고객의 동선이 몰려서 볼 수도 있는 마네킹을 위한 입체적 요소의 조명이 설치되는 것이 일반적이지만, 벽부는 최대한 넓은 느낌의 개방감을 확보하기 위해 수직적 요소의 월-워셔를 적극적으로 활용하고, 국부조명으로 매장의 다양한 상품을 강조하기 위한 조명계획이 필요하다.

벽면의 휘도가 높으면 개방감이 상승하여 공간이 넓어 보인다. 왼쪽과 오른쪽의 경우 벽면의 명도, 즉 벽면 마감재의 휘도를 높이기 위한 준비가 되어 있어야 조명을 사용하더라도 효과가 있다. 바닥면의 밝기보다 시선에서 먼저 눈에 들어오는 벽면의 밝고 어두움이 공간에 대한 밝기감을 인지하는 데 중요한 역할을 담당한다. 그리고 공간을 밝게 보이게 하는 목적이라면 바닥면보다는 벽면에 빛이 닿도록 배광에 신경 쓰고 조명을 에이밍하는 것이 효율적이다. 다시 강조하지만, 조명계획은 공간계획과 함께 고민해야 한다. 조명계획만으로는 공간의 충분한 밝기감이나 원하는 공간인상을 전달하는 것이 불가능하기 때문이다.

벽면의 휘도와 공간의 밝기감의 차이, 월-워셔를 사용하는 공간 상황

월-워셔는 엄밀하게 이야기하면 벽 전체를 고르게 비추기 위한 고도의 광학기술이 적용된 조명기구이다. 따라서 스포트라이트의 빛을 벽면에 쏘아 밝히는 조명은 월-워셔 타입의 조명기구라고 하는 것이 옳다. 매장에서 월-워셔를 사용하면 벽면의 상부에서 하부까지 상품을 고르게 잘 보이게 할 수 있고, 벽면에서 반사된 빛으로 立이 형성되고 마주한 상대의 표정을 읽기 편하게 만들어 소통과 커뮤니케이션하는 데 도움을 준다.

스타벅스 매장조명의 월-워셔(독일 Dresden, erco 제품 설치)

월-워셔 효과를 내는 월-워셔 타입의 코브 조명

색온도와 상품

식료품 조명의 색온도와 과장된 연색성

식료품 매장에서 음식의 진열에 사용되는 조명에는 좀 디테일한 배려가 필요하다. 기본적으로 그 음식에 적합한 색온도를 선정하는 것이 중요하다. 일반적으로 육류는 낮은 색온도, 생선류는 차가운 느낌의 높은 색온도로 신선함을 연출한다. 이러한 조명의 색상 연출은 의도적으로 연색성을 무시하는 조명이다. 연색성을 무시하고 과장하여 생선이 더 신선하게 보이도록 높은 색온도의 푸른색 조명을 쓰고, 육류를 더 붉게 연출하여 구매 의욕을 높이기 위해 붉은색 조명을 사용한다. 이렇게 식품매장에서는 의도적으로 연색성을 무시하고 빛의 색감을 과장하여 왜곡하는 조명 연출을 적용한다.

스시 바, 회전 스시(초밥)의 싱싱한 재료들이 더욱 신선하게 보이도록, 고객이 식사하는 쪽보다 재료가 있는 쪽을 한 단계 높은 색온도로 설계하는 것이 일반적이다. 청과물을 판매하는 경우에도 과일과 채소의 신선함을 강조하기 위해 높은 색온도를 설정하는 것이 바람직하다. 그리고 진열 케이스나 상자, 주변의 색상을 가급적 보색이 되는 색상으로 배치하는 것이 재료의 신선한 느낌을 살리는 데 도움이 된다. 색색의 과일을 사용한 타르트나 화려한 색의 마카롱, 장식이 화려한 초콜릿이나 작은 케이크와 같은 디저트에는 오브제가 가진 입체감을 살려 줄 수 있는 광원을 소형 쇼케이스 내부에 설치하는 것이 좋다. 이때 광원의 방열에 대한 문제를 물론 고민해야 한다.

과일과 채소를 진열한 냉장고의 조명에서 연색성을 어떻게 연출하는 것이 적정할까? 특히 과일의 경우에는 붉은색과 푸른색 과일이 섞여 있는 경우도 많다. 왼쪽의 푸른 채소들은 색온도가 높은 조명으로 연출하면 문제가 없다. 하지만 주황, 빨강, 노랑 등 난색이 많은 과일의 냉장고 조명 색온도를 어떻게 설정하는 것이 좋을지 문의하는 경우가 많다.

일본의 '조명 탐정단'에서 활동하던 시절, 도쿄의 한 거리에서 청량음료 자판기

의 조명 색온도에 따른 판매량 차이를 실험한 적이 있었다. 그 결과 음료수 캔의 색상과 관계없이 색온도가 낮은, 일명 전구 색의 오렌지빛 조명환경에서 판매량이 떨어지는 것을 확인할 수 있었다. 과일도 마찬가지로 청량감과 신선함을 강조하는 것이 중요하기에, 일부러 색온도를 3,000K 이하로 낮출 필요가 없다.

위 이미지를 보면 붉은 과일은 같은 난색 계열 색상의 환경에 있을 때보다 푸른색 등 한색 계열 환경에 있을 때 붉은빛이 더욱 강조된다는 것을 알 수 있다. 그래서 고급 과일 세트를 포장할 때 낱개 과일을 포장하는 종이는 녹색 등 푸른색을 쓰거나, 오렌지, 딸기 등의 붉은 색 과일을 키위나 청포도 같은 푸른색 과일과 섞어서 포장하면 보다 신선하게 연출할 수 있다. 식료품 매장에서 과일과 채소를 신선하게 보이도록 하는 노력을 기울이려면 조명의 색감도 신경 써야 하지만, 쇼케이스의 내부 색상이나 포장재에도 각별히 신경을 써야 한다.

식료품 매대에서 우유, 요구르트, 치즈 등의 유제품은 주변의 다른 식품 진열장보다 색온도를 높여 신선함을 강조하기도 한다. 고객 동선과 상품 진열대의 밝기감 구분도 없이 낮은 색온도, 일명 전구 색 조명의 색온도인 3,000K 이하를 고집하면서 천장면에 획일적인 조명계획을 한 경우, 왼쪽 사례와 같이 불필요하게 전체적인 밝기감만 높고 상품에 집중하기 힘들다. 그에 비해 오른쪽 사례는 높은 천장면에서 늘어뜨린 펜던트 조명으로 청과물 상품에 빛을 집중하여 쇼케이스로의 접근성을 높이면서 매장 벽면의 수직적 요소를 확보하고 있다. 전기에너지를 절약하면서도 소수의 광원으로 입체적 조명환경을 설계한 것을 알 수 있다. 상품도 난색과 한색의 식자재를 고루 섞어 배치하여 더욱 신선한 느낌을 강조하고 있다. 공간의 계획에 있어서도, 오른쪽 사례는 벽과 바닥, 천장에서 발생하는 건축 마감재의 경쾌한 휘도 차이로 더욱 공간의 목적에 부합하는 시지각 인지가 가능하다. 이러한 점을 조명계획과 함께 고민하면 더욱 큰 효과를 발휘할 수가 있기에, 통합적 설계의 중요성을 다시 한번 강조한다.

청과물 식료품 매장 쇼케이스 조명환경의 NG 사례(왼쪽)와 Good 사례(오른쪽) 비교

고연색성 조명환경

특히 패션 소품이나 의류, 액세서리, 화장품을 취급하는 매장에서는 고연색성 광원으로 조명환경을 구성하기를 적극 권장한다. 필자의 연구 논문「화장품매장의 연색성 개선을 위한 조명환경 디자인 연구」(2019)을 토대로 설명하면, 고객의 72%가 화장품 매장에서 구매한 색조 화장품의 색상이 구매 이후 달라 보여서 교환 및

환불 등의 불편함을 겪었다고 호소하였다. 그리고 그중 87.5%가 부적합한 매장의 조명환경을 그 원인으로 꼽았다.

과거 상업공간 조명연출에 주로 사용된 광원은 연색성이 뛰어난 할로겐램프였다. 하지만 효율이 낮아 전기에너지는 많이 소모하면서 엄청난 열이 발생하여, 상품이 변형되거나 하절기 냉방비가 많이 드는 문제가 있었다. 최근 국내 상업공간 조명의 경우, 널리 보급된 LED 램프로 대체되거나 삼파장 램프가 무분별하게 적용되면서 연색성이 떨어지게 되었다.

화장품 매장에서 고객들은 특히 색조 화장품 코너에서 많은 시간을 보내고 있음이 밝혀졌다. 쾌적한 쇼핑을 위해 고객들이 색조 화장품의 다양한 색상을 비교하고 착색을 테스트할 수 있도록 높은 연색성의 조명환경이 요구된다. 하지만 고가의 고연색성 조명을 매장에 적용하기엔 현실적으로 점주나 경영자의 부담이 큰 것이 현실이다. 이에 연색 적정성 평가를 통해 가장 최적의 조도/색온도 조건을 제시하여 이러한 문제를 해결하고자 했다. 이 연구에서 조사한 화장품 매장 표본공간

20곳의 연색성은 매우 낮아 평균 2,282lx/3,441K의 조도/색온도 조건이었다. 이를 개선하기 위해 가장 여러 조도/색온도 조건을 테스트한 결과, 아래 표의 A와 같이 4,800lx/5,600K가 고연색성을 위한 최적의 조건임을 찾아내어 제시하였다.

	사진	조도	색온도		연색성 평가
자연광		4,867 lx	5,501 K	◎	5,000K 정도의 정오 태양광 색온도 조건에서 본연의 색을 가장 정확하게 판단 가능
A		4,804 lx	5,607 K	◎	조도와 색온도 모두 자연광의 조건에 근접한 수치로, 피부톤과 색조 화장품의 색채 인지에 적정함
B		1,144 lx	5,505 K	△	색온도는 자연광에 가깝지만 밝기(조도)가 충분히 확보되지 않아 색조 화장품의 색채 인지가 어려움
C		7,209 lx	2,057 K	△	낮은 색온도와 높은 조도로 인하여 색조 화장품의 색채 인지가 어려움
D		876 lx	2,453 K	X	조도와 색온도가 모두 낮아 어둡고 답답한 느낌으로 피부와 색조 화장품의 색채 인지가 불가능

화장품 매장의 조도와 색온도 조사표

　　매장의 모든 조명환경을 고연색성으로 만들기 어렵다면, 적어도 고객들이 피부에 직접 착색 테스트를 하거나 옷을 입어보는 피팅룸의 조명에는 이러한 조도/색온도 조건을 적용하기를 적극 권장한다. 덧붙여 거울의 위치나 입체적 요소(立)로 얼굴과 몸의 음영 등을 적정하게 연출할 수 있도록 신경 써야 한다.

건축 소재와 빛

패브릭(Fabric)

최근, 인테리어 페브릭을 상업공간에 응용해서 설계하기도 한다. 상시설치보다는 이벤트성 임시설치 개념으로 백화점 쇼핑몰 내부 공간의 통로나 입구에 다양한 섬유 소재의 차양을 걸어 공간에 신선한 변화를 주고 있다. 섬유공예 작가의 작품을 걸어두고 활용하기도 하여 전시회를 방불케 한다. 인테리어 패브릭은 빛의 확산 효과를 이용하여 기존의 조명에 사용된 단순한 광원만으로도 내부 공간에 다양한 빛과 그림자의 색, 패턴 연출이 가능하다. 많은 비용과 시간을 들여 변화를 주기 어려운 상황에서 비교적 적은 비용과 노력으로 공간 이미지를 특별하게 바꾸어 볼 수 있다는 점은 고객에게 비일상적 체험을 제공한다는 측면에서도 효과적이다.

폴리카보네이트(Polycarbonate)

폴리카보네이트는 가소성 플라스틱의 일종으로 내충격성, 내열성, 내후성, 자기 소화성, 투명성 등의 특징이 있고, 강화 유리의 약 150배 이상의 충격도를 지니고 있어 유연성 및 가공성이 우수하다. 잘 깨지고 변형되기 쉬운 아크릴의 대용재이자 일반 판유리의 보완재로 많이 쓰인다. 빛의 투과성이 좋고 경량 소재라는 면에서는 아크릴과 비슷한 성질을 가지고 있지만, 폴리카보네이트는 상대적으로 충격에 강하고 상온에서 적용 가능한 온도 대역이 더 넓어 유용하다. 또한 일반적으로 상용되는 유리보다 광투과성이 뛰어나다.

최근 폴리카보네이트 패널형으로 만들어진 단파론이란 제품은 다채로운 컬러와 규격화로 인테리어에서 자주 사용된다. 자연광을 실내에 유입하기 위해 천장부의 캐노피에 적용하여 난반사를 통해 빛을 확산시켜 채광 효과를 극대화하며, 최적의 빛을 제공하여 인공조명에서 발생하는 CO_2의 양을 감소시키고 에너지를 절약할 수 있는 장점이 있다. 직사광선이 아닌 확산광을 제공하기 때문에 실내에 구조물에 의한 그림자가 생기지 않는 특징이 있다.

바리솔(Barisol)

프랑스 Normalu사의 국제 특허 제품인 바리솔은 "Stretch Ceiling System"이라 불리기도 하며, 벽이나 천장에 고정한 레일에 맞춤 재단 형태의 특수 PVC 시트를 당겨 거는 획기적인 천장 시스템이다. 세계 우수 건축상을 휩쓴 바리솔은 건축 혁명이라고도 불리며 이미 전 세계 Stretch Ceiling 시장의 70%를 독점하고 있다. 바리솔은 타 공정과 관계없이 독립 시공할 수 있는 기능성과 설계자의 디자인 의도에 부합할 수 있는 심미성을 갖춘 최첨단 신소재 천장재로서, 주택은 물론 병원, 스포츠센터, 나이트클럽, 전시장 등 다양하게 시공되어 그 탁월함을 세계에서 입증받은 제품이다. 100여 가지의 다양한 색상과 표면 질감(유광, 무광, 세무, 반투명 등)을 선택할 수 있으며, 디자인 요구에 따라 어떠한 형태의 천장도 가능하다.

폴리카보네이트 / 바리솔 (Stretch Ceiling System)

다음의 왼쪽은 높은 천장을 처리할 때 사용할 수 있는 조명설계 기법으로 고전적인 샹들리에 조명을 응용한 사례이다. 인간은 어두움에 대한 불확실성의 공포를 본능적으로 가지고 있다. 그렇다고 모든 공간을 구석까지 눈부시게 시린 백색광으로 채우는 것은 결코 좋은 해법이 될 수 없다. 그래서 천장고가 높은 상업공간의 경우, 샹들리에 조명과 같이 가벼운 PC(폴리카보네이트)나 패브릭 소재로 제작한 빛의 오브제를 천장에 매달아 밝히고, 공간의 전반조명으로도 활용할 수 있도록 하는 것이 좋다. 이때 주의가 필요한 것은 천장부를 밝은색으로 마감하면 천장에서 다시 빛이 반사되어 퍼져나가 더욱 부드러운 인상을 부여할 수 있다는 점이다. 높은 천장에 부드러운 공간인상의 간접광이나 전반조명을 연출하기 위해서는 슈퍼 앰비언트 라이트(Super Ambient Light)와 같은 고효율의 조명기구를 활용하는 방법도 있지만, 에너지 효율이 높지 않다는 단점이 있다. 오른쪽은 휴게 공간에서 直 중심으로 편안한 공간인상을 유지하면서 전체적인 밝기감을 확보하기 위한 방법이다. 다양한 빛의 확산 재질을 활용한 조명기법들로 공간의 인상을 다양화할 수 있다.

도쿄 츠타야 서점 / 경기도 판교 현대백화점

블라인드(Blind)

창가에 들어오는 빛도 인테리어의 중요한 한 부분이다. 단순히 빛을 차단하는 것을 넘어 자유롭게 빛의 양을 조절하는 블라인드에 관한 관심도 높아지고 있다. 빛을 투과 혹은 여과시켜 화사하게 만들기도 하고, 넓고 아늑한 분위기를 연출하기도 한다. 또한 커튼보다 열전달, 차단 효과를 통한 에너지 효율성이 뛰어나 냉난방비를 절약하고, 자외선을 차단해 건강한 생활환경이 가능하도록 한다.

따뜻한 햇살이 집에 들어오는 건 좋지만, 직접적인 자외선 파장은 인체뿐만 아니라 가구와 바닥재, 벽지의 색이 모두 바래게 한다. 이를 자유자재로 조절하여 안전한 빛만을 여과할 수 있는 연출이 가능하다.

답답함을 싫어하는 사람들은 우드 블라인드를, 외부와 내부의 소음을 막아주고 이중구조로 실내 온도를 지켜주는 허니콤 블라인드, 안에선 밖을 은은하게 감상할 수 있고 밖에선 실내가 보이지 않아 프라이버시에 좋은 트리블 셰이드, 대나무와 천연 나무를 엮어 만든 내추럴 셰이드 등 종류가 다양하다. 이는 사용 용도, 공간에 따라 선택해야 한다.

유리

대부분의 건축 재료는 시선의 방향성을 갖는다. 재료를 투시하는 시선의 양방향성 자재는 유리 이외에 몇 가지 탄소 중합체로 제작된 아크릴이나 폴리카보네이트(polycarbonate) 정도밖에 없다. 유리는 상대적으로 중량의 소재이지만 두께를 얇게 조절하면 건축물의 경량화에도 크게 기여할 수 있다. 특히 유리는 가공성이 좋아 건축 외관을 디자인하는 데 있어 상황에 따른 탄력적인 설계가 가능하여, 많은 시야와 빛의 소통에 유연하게 적용할 수 있다. 최근 도료를 칠하거나 실크 프린트를 이용한 인쇄 기술 등은 빛의 투과나 반사 등 건축 외장재의 기능 외에 장식적인 기능을 유리에 부가하기도 하였다. 유리는 빛을 투과함과 동시에 반사하는 소재이다. 빛의 투과는 거주자의 생활은 물론 심리에 영향을 미치며, 빛의 반사는 주변의 건물과 사람에게 큰 영향을 줄 수 있다. 특히 반사유리가 건축의 외장에 유행처럼 쓰였던 1980년대 후반부터 잘못 조절된 빛의 반사로 인해 민원이 발생하기도 하였으며, 야간에 건축물 내부의 불필요한 부분이 투시되어 거주자들이 많은 불편을 겪기도 하였다.

라파엘 비뇰리가 설계한 빌딩은 무전기를 닮았다고 하여 무전기(워키토키)란 별명이 있다. 이 건물의 외관은 전체적으로 오목하게 들어간 형태여서, 모든 햇볕을 받아 거리에 쏟아붓는 형태이다. 그 결과 거리의 자동차까지 가열되어 녹아버리는 현상이 발생하였다. 유리가 가진 빛의 투과, 반사 성질을 잘 이해해야 하고, 특히 반사율이 높은 유리는 주변 환경에 어떤 시각적 영향을 미칠 것인지 예상하고 고민해야 한다. 아울러 투명도가 높아 빛 투과율이 우수한 유리를 적극 활용한다면, 공간의 사용 목적과 방법에 따라서, 유입되는 자연광의 광량이나 각도와 같은 제반 요인을 모두 고려하는 것이 바람직하다.

영국의 워키토키빌딩

유리 소재는 빛(조명)의 측면에서는 자연광의 적극적 도입으로 실내공간에 충분한 밝기감을 확보할 수 있어 바람직하지만, 에너지 사용 측면에서는 열효율이 떨어져 냉난방비 증가 등 손해를 보는 것이 사실이다. 그냥 지나치기 쉽지만, 환기의 문제도 있다. 통유리로 설계된 건축 외관은 시각적으로는 소통되지만 촉각이나 청각적으로는 폐쇄적일 수밖에 없다. 상업공간 파사드의 전면 유리를 시선 관점에서 분석하면 반사, 정체(停滯), 관입(貫入)의 세 가지 특성이 있다.

첫째, 마치 거울과 같은 특성으로 인해 앞 건물이나 행인의 모습 등이 유리에 투영되어 나타난다. 이 특징은 주로 주간에 나타난다. 야간에는 매장 내부가 외부보다 밝다면, 매장 내부의 이미지가 내부의 유리에 거울 효과로 나타나게 되므로 각별하게 주의가 필요하다.

둘째로 유리에 붙어 있는 매장의 CI나 브랜드 홍보를 위한 이미지, 간판 등에 시선이 머무는 것이다. 첫 번째 특성인 반사 특성이나 세 번째 특성과 동시에 시야에 들어오는 부분을 주야간 자연광과 조명환경을 고려하여 정교하게 설계해야 한다.

마지막으로, 투과로 인해 고객의 시선이 매장 내부로 관입(貫入: 꿰뚫고 유입)되어 매장의 상황을 보여주게 된다. 이때 관입도를 조절하기에 따라 고객의 접근성을 높이거나 낮출 수 있다. 이러한 완급 조절은 매장 전체의 공간 이미지를 좌우할 수도 있다.

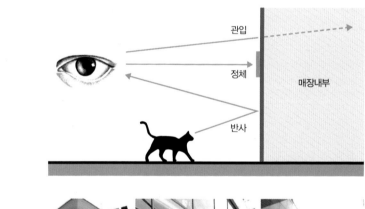

건축 요소와 빛

코니스 광원 주변의 마감재 차이

다음은 쇼핑몰 내부의 공간감을 확보하고 고객의 동선을 명확히 유도하기 위하여, 동선에 밝기감을 확보하기 위하여 기둥면에 간접조명을 연출한 사진이다. 왼쪽의 사진은 1층 기둥, 오른쪽 사진은 3층 기둥 사진이다. 동일한 3,000K 색온도의 광원을 사용하였지만, 표현되는 색감은 다르다. 그 이유는 마감재의 차이에 있다. 1층

일본 도쿄역 부근 KITTE 쇼핑몰 1층(왼쪽)과 3층(오른쪽)의 내부 마감재와 조명

의 마감재는 나무 재질의 색상으로 마감되어 색온도가 더 낮아 보이도록 설계되었으며, 반사율이 적어 부드러운 간접조명을 연출하고 있다. 3층의 마감재는 반투명 유백(乳白)색의 유리 재질로 색온도가 높게 표현되고 반사율이 높아 간접조명을 연출하고 있지 못하다. 광원이 마감재에 반사되어 LED 광원의 도트가 그대로 보이고 눈부심이 발생하고 있는 부분이 아쉽다.

인공광 설계는 낮은 색온도 느낌의 광원은 저층부에, 높은 색온도 느낌의 광원은 상대적으로 상층부에 배치하였다. 일출과 일몰에서 느낄 수 있는 편안한 자연광 조망의 인상을 낮은 조도, 색온도, 광원의 위치를 통해 연출하는 한편, 한낮의 태양에서 느껴지는 경쾌한 각성감을 상대적으로 높은 색온도의 광원으로 연출하고 있다. 변화를 주면서도 자연광의 원칙을 지키고 있어, 방문객이 편안하면서도 쾌적한 환경을 만끽할 수 있도록 해준다.

KITTE 내부 보이드(VOID) 공간의 층별 색온도 차이

　다음은 일본 도쿄역 지하통로에서 연결되는 KITTE 쇼핑몰 입구부이다. 바깥쪽 마감재(왼쪽)는 아이보리 색상의 타일로 광원이 가진 색보다 약간 붉은 색으로 연출된다. 안쪽의 마감재(오른쪽)는 노란색 계열의 페인트 마감으로 광원이 가진 색보다 더 노란색 느낌이 강하게 연출된다. 반사율이 낮은 페인트 마감 쪽이 벽면에 빛을 고루 퍼지게 하여, 보다 자연스러운 빛의 그러데이션을 연출할 수 있다.

　아래 사진의 입구 공간의 광원은 3,000K 색온도의 코니스(간접 건축화 조명 방식 중 하나) 설계로, 출입구의 외부와 내부 경계에서 마감재의 색감에 차이를 주어 공간 전체 이미지와 인상에 변화를 주었다. 이러한 설계 방식은 방문객이 전이공간에서 다른 공간으로 이동했음을 쉽게 인지하도록 해주며, 도쿄역 지하통로라는 공공의 공간에서 쇼핑몰, 상업공간으로 이동하는 고객이 동선을 판단하는 데 큰 도움을 주고 있다.

KITTE 쇼핑몰 내부 마감재와 조명,
타일(왼쪽), 난색 페인트 마감(오른쪽)

경량 알루미늄 패널

다음은 쇼핑몰 출입구의 내부 벽면을 경량 알루미늄 패널로 마감하고, 3,000K의 코니스 설계로 연출한 사례이다. 아쉽게도 알루미늄 패널의 높은 반사율에 의해 부드러운 그러데이션이 연출이 되지 않고 광원 주변에 강한 휘도가 발생하여 다소 부자연스럽다. 상대적으로 반사율이 높아 고휘도로 연출되는 소재는, 광원부 주변의 빛 맺힘 현상을 피하기 위해 현장에서 광원의 배치와 에이밍(Aiming)의 디테일에 더욱 신경 써야 한다.

Ginza Six 쇼핑몰 입구 (일본 동경)

유리 난간의 패널 조명

최근 국내에서도 유리 소재의 난간에 조명을 연출하는 사례가 늘고 있는데, 유리의 투명도가 높은 경우 투명 유리가 빛을 모두 투과시켜 부드러운 그러데이션 연출이 불가능하다. 유리 면에 연출하고자 한다면, 빛의 확산을 위한 디퓨저(Diffuser) 시트를 붙이거나 유백색의 반투명 패턴을 유리에 인쇄하여 빛이 패턴에 맺히도록 하는 방법을 사용한다. 난간이 반투명 유리일 경우, 부드러운 그러데이션 연출이 가능하며 광원의 노출을 줄일 수 있어 효과적이다. 그러나 왼쪽 사례는 조망 영역을 축소해 답답한 느낌을 준다. 탁 트인 야외 파노라마 뷰의 넓은 시야를 방해하지 않도록 주의가 필요하다.

난간 디퓨저 시트 연출(왼쪽, 중앙), 일본 도쿄 롯폰기 힐스 쇼핑몰(오른쪽)

고객을 모으는 빛,
시선과 동선설계

상품을 구매하려는 고객은 다음과 같이 5단계의 시각적 체험을 거친다. 쇼핑공간과 매장을 선택하고, 브랜드와 상품의 이미지나 콘셉트를 비교·평가하면서 원하는 제품을 구매한다. 이러한 매장에서의 공간체험을 중심으로 단계별 고민해야 할 매장조명의 설계 요소를 시선의 관점에서 설명하고자 한다. 온라인 매장에서도 이와 비슷한 경험을 제공하게 되므로 가상의 온라인 쇼핑몰에서도 이를 응용하여 매장 접근성을 높이려는 노력을 기울인다. 이와 같은 조망점 분석과 시선의 시퀀스(Sequence) 설정은 조명디자인뿐만 아니라 모든 공간계획과 설계에서 필수적인 디자인 과정으로 매우 중요하다.

1단계	2단계	3단계	4단계	5단계
가로 ▶ 쇼핑몰	복도 ▶ 개별 매장	VP	PP	IP
쇼핑공간 선택	개별 매장 선택	매장 전체 이미지	매장 내부까지 동선 유도	구매 판단과 결정

1단계, 가로에서 쇼핑몰로

매장 경관과 파사드 조명

백화점이나 대형 쇼핑몰의 외관은 고객 집객 효과와 도시 야간 경관의 심미성을 높이고 랜드마크의 역할도 담당할 수 있다. 그렇기에 기획 단계에서부터 도시 경관 차원의 체계적인 설계계획이 필요하다. 백화점이나 대형 쇼핑몰이 뿜어대는 야간 경관의 빛은 도시 공간에서 개별적인 조명기구 역할을 담당한다. 이러한 건축이 만들어내는 빛의 덩어리들이 모여, 서울 남산의 N타워처럼, 높은 곳에서 내려다볼 수 있는 도시 전체의 야간 경관 이미지를 형성하게 된다.

쇼핑을 원하는 고객이 도심의 가로에서 마주하는 야간 경관은 도시의 가로 전체를 거대한 쇼핑몰로 느끼게 한다. 그래서 건축물의 외부 경관과 파사드가 주는 이미지가 긍정적이라면 그 건물에 대한 접근성이 높아져 자연스럽게 발걸음을 옮기게 된다.

브랜드의 정체성을 나타내기 위한 전략으로서, 루이뷔통(LV)은 공간 내부로 부분적 시선의 관입을 허용하여 시각적 호기심을 자극하는 방법을 연출하고 있다. 조명계획에서도 내부의 빛이 외부로 확산하면서 외부가 내부처럼 보이기도 하고 내부가 외부로 인식되기도 하는 효과가 있다. 주간에는 외부의 자연광과 고객의 시선이 내부로 유입되고, 야간에는 내부의 조명과 시선이 외부로 드러나는 특성을 갖는다.

　이국의 여행자가 낯선 도심의 가로를 거닐면서 쇼핑하는 경우, 익숙하지 않은 공간에 대한 접근성을 높이기 위해서는 적정한 명암 대비가 가로에 형성되는 것이 중요하다. 가로의 바닥면이 어둑하더라도 시선이 닿는 매장 파사드에 적정한 밝기감이 형성된다면 가로의 이미지가 밝게 형성된다. 매장의 파사드 조명뿐만 아니라 가로의 가로등과 보안등 계획도 주변 매장 저층부 조명과의 균형을 고려하여 조정이 필요하다. 국내의 경우, 가로조명에 대한 조도기준이 엄격하여 매장의 조명이 밝은 경우라면 가로등의 소등이나 디밍 등 양적 조정등의 탄력적 운용도 고려할 필요가 있다. 고객의 시선이 가로에서 편하게 닿기 쉬운 1층에서 3층 사이의 저층부는 매장 내부의 상품과 서비스 정보가 노출되도록 배려하고, 건물별로 건축물의 정체성이나 브랜드 이미지에 적합한 빛의 조형성을 연출하기 위한 노력이 요구된다. 그래야 고객의 입장에서 매장 내부의 밝기감을 인식하기 편하다.

    다음 두 이미지는 고객의 매장 유입을 위해 도움을 주는 조명환경 가운데 매장 내부의 直 중심 조명설계이다. 왼쪽은 낮 시간의 자연광 조건에서도 필요한 내부 공간조명의 直이 효과적으로 고객의 시선을 안으로 유도하여 동선 판단을 돕고 있다. 매장 내부와 외부의 색온도 차이도 고객 접근성을 높인다.

    인간에게 밝고 어두움의 차이로 인한 시지각 인지는 다른 무엇보다 우선한다. 따라서 매장 내부에 조성된 直은 공간 전체의 밝기감을 확보함과 동시에 자연스럽게 고객의 시선을 매장 안으로 유도한다. 이때 가로, 매장 입구나 파사드 앞에 어두움이 확보되어 있어야 매장 내부의 빛이 외부로 스며나오는 것을 고객이 인식하기 편하게 되어 直을 효율적으로 활용할 수 있게된다.

파사드 조명디자인

    도심의 중심가에는 의류 매장부터 화장품 매장까지 다양한 매장이 입점하고 있다. 매장은 브랜드 정체성을 반영한 독창성과 다른 매장과의 차별성을 우선시하는데, SPA, 신발, 스포츠 매장 등은 미리 성형한 건조부재를 조립하여 만드는 방식의 건식 구조가 늘고 있다.

기존 구조 틀에만 패널을 부착하고 내부의 매장을 그대로 오픈한 애플 매장을 들 수 있다. 다음과 같이 최대한 매장 내부를 외부로 노출하면서 외관의 브랜드 이미지를 내부 인테리어로 바로 보여주고, 매장의 조명의 밝기감도 파사드 전면으로 퍼져나가게 설계하였다. 이러한 설계는 내부와 외부를 시선으로 연결한다. 매장의 조명은 실내를 밝혀주는 일차적 기능 외에도 실내의 밝기감과 매장 이미지를 외부로 전달하여 가로의 고객이 원거리에서 매장에 대한 긍정적 이미지를 가지고 접근할 수 있도록 동선을 유도하는 중요한 기능을 담당한다.

이처럼 매장 내부의 조명이 외부로 흘러나와 주변 경관을 비추고 고객을 자연스럽게 유도하기 위해서는 주변의 어두움이 확보되어야 하는데, 이는 가로등과 같은 공공영역의 조명계획과도 연계되어 도시 경관으로서 빛의 종합적 검토가 필수적이다.

2단계, 복도에서 개별 매장으로

Mall과 Shop : 백화점과 쇼핑몰의 복도와 개별 매장

백화점이나 대규모 쇼핑몰의 어둑한 통로를 따라 걷다가 문득 바라보니 마음에 드는 매장이 눈에 들어온다. 쇼윈도의 마네킹, 제품, 그리고 TV 속 CF에서 보았던 광고모델의 포스터가 보인다. 상업공간에서는 자연스럽게 이러한 상황을 만들고 고객을 매장으로 유도할 수 있는 조명환경이 요구된다.

상업공간에서 대형 쇼핑몰의 복도는 공공의 성격이 강한 공용 공간이다. 이곳에서 고객은 원거리의 매장과 쇼윈도를 바라보며 다음 행위나 이동 경로를 결정하기 위한 정보를 얻고자 쉬지 않고 시각적 탐색을 진행한다. 그러한 의미로 볼 때 매장에서 조명의 중요한 목표는 고객에게 강력한 시각적 정보와 이미지를 제공하여 고객이 동선을 판단할 수 있는 명확한 근거를 만들어주는 것이다.

고객을 위한 쾌적한 매장조명은 고객의 시선을 끌어야 하는 쇼케이스나 진열장 등과 시선을 끌 필요가 없는 이동 통로 등을 빛과 조명의 밝고 어두움을 통해 구분해 주어야 한다. 그럼으로써 보다 상품과 매장에 집중할 수 있도록 해주어야 한다.

일본 도쿄 미드타운 내부 / 도쿄역 주변 키테(KITTE)

매장 앞 보행로에서는 바닥이 아닌 천장의 휘도 변화로도 고객의 시선과 동선을 유도할 수 있다. 천장의 밝기감으로 直을 만들고 공간 상부의 경쾌한 인상을 연출할 수 있다. 바닥면은 상대적으로 어둡게 마감되어 있어야 밝은 조명으로 연출한 매장 쪽으로 시선을 유도하기에 유리하다. 공용 복도와 매장의 밝기감 차이도 있지만, 바닥 마감재도 복도 쪽을 의도적으로 어둡게 연출하여 자연스럽게 고객의 시선과 동선을 매장 쪽으로 유도하는 것이다. 반대로 복도의 공용 조명을 밝혀주면, 매장 내부에서 흘러나오는 빛의 밝기감을 인지하기 어려워져 복도에서 매장으로의 시선과 동선 이동이 힘들어진다.

현장의 이미지를 그레이스케일, 즉 흑백으로 전환하면 명암(공간 휘도)의 차이를 더 명확하게 알 수 있다. 밝게 빛나는 곳은 주로 천장면과 매장이다. 인간은 색상 이전에 밝고 어두운 명암, 휘도 대비로 대상과 공간을 먼저 인식하기 때문에, 이러한 흑백 전환 이미지를 통해 밝기감을 좀 더 명확하고 편리하게 인식할 수 있다.

복도는 어둡고 매장은 밝은 도쿄 GINZA SIX 복도와 매장 조명환경 / 흑백 전환 이미지

다음 사례를 보면, 천장에 획일화된 다운라이트가 없고 내부 곡면 구조 벽과 직각 구조 벽에 대한 조명의 해석이 다르다. 천장과 만나는 벽면의 코니스 조명을 중심으로 동선이 계획되어 있다. 비정형의 유기적 배열로 다양한 배광의 다운라이트가 설계되어 리듬감 있게 아름다운 음영을 연출하고 있다.

도쿄 롯폰기의 롯폰기 힐즈 실내(일본 LPA 설계)

다음의 왼쪽 사례에서 한낮의 매장 외부의 자연광은 색온도가 높아 상대적으로 차갑게 느껴질 정도이다. 하지만 실내조명의 색온도를 낮게 설정하여 공간 전체의 온도감에 차이를 줌으로써, 실내를 따뜻한 공간 이미지로 연출하고 고객의 시선과

동선을 유도하고 있다. 이는 겨울철에 특히 유용할 수 있으며, 색온도 변화가 가능한 광원을 사용하면 계절별로 조명환경에 탄력적인 변화를 줄 수도 있다. 이때 주의할 사항은 실내의 조명환경은 直 위주로 휘도를 충분히 확보하여 외부 자연광과의 휘도 대비를 줄여야 효율적이라는 점이다.

오른쪽 사례는 높은 천장고를 활용한 코브 조명설계와 공용 복도가 아름다운 음영을 자연스럽게 그리고 있다. 매장 내부의 색온도를 높여 공간 이미지에 차이를 주고, 코브 조명 광원의 색온도도 복도 바닥면을 비추는 조명보다 높아 공간의 상승감을 더해 높은 천장의 공간감을 더욱 강조하고 있다. 복도와 매장 내부의 바닥, 매장 입구 상부의 코브 설계, 이 세 지점의 색온도와 소재감 그리고 음영을 비교해보면, 건축 마감재와 광원의 색온도를 미묘하게 조정하면서 공간의 표정을 풍성하게 연출하고 있음을 알 수 있다.

고객 접근성을 높이고 공간 이미지를 구분하기 위한 공간조명의 색온도 변화

코모레비(Komorebi, 木漏れ日)는 일본어로 '나뭇잎 사이로 비치는 햇빛'이라는 의미이다. 일본에서는 고유명사화되어 널리 쓰이고 있다. 코모레비도 아름답지만,

그보다 코모레비가 만들어내는 빛과 그림자의 신비한 조화가 아름답다. 나뭇잎 사이로 새어 내려오는 빛의 그림자를 보고 있으면, 바람이 불 때마다 나뭇잎이 비벼대는 소리와 함께 아름다운 음영이 바닥에 맺혀 움직인다. 어느 더운 여름날, 울릉도의 시원한 숲에 간 적이 있다. 바람이 일자 바닥에는 영롱한 색색 그림자가 그려져 서걱대고, 고개를 드니 푸른 여름 단풍이 손을 흔들고 있었다.

울릉도와 치악산에선 만난 코모레비 그림자

이러한 코모레비를 상업공간에서 이용하기도 한다. 다음 왼쪽 이미지와 같이, 다운라이트의 배광을 조절하여 의도적으로 바닥에 음영을 주는 사례가 많다. 주로 긴 복도에서 지루한 느낌을 줄이기 위해 유기적 설계로 적용한다. 오른쪽 이미지는 천장에 설치된 조명기구는 눈에 뜨이지 않으며 화살표 등 안내 사인만 보인다. 성능과 빛의 품질이 우수한 다운라이트가 설치되어 상품과 개별 매장에 밝음이 형성되어 시각적으로도 편안하다. 무엇보다 바닥면의 빛의 웅덩이, 코모레비 효과를 극대화하기 위해 바닥의 문양, 패턴도 불규칙성을 강조한 설계자의 의도를 읽을 수 있다. 이렇게 코모레비 효과를 섬세하게 응용한 조명 사례는 일본의 대규모 쇼핑몰이나 공항, 철도역 등 공공시설에서 자주 볼 수 있다. 디자인에서 자연은 조용한 선각자요, 위대한 스승이다.

상업공간의 인공광 코모레비, 빛의 웅덩이

다음을 보면, 각기 높낮이가 다른 꽃 모양의 천장 오브제가 돋보인다. 조명의 배광이 향하는 방향이 천장의 플라워 패턴 구조물로, 이렇게 반사된 은은한 빛이 공간에 부드럽게 퍼지면서 자극적이지 않은 간접적인 전반조명 역할을 담당하고 있다. 또한 천장부의 비어있는 공간에서 시선이 머무는 곳은 경직된 인상을 주기 쉬운데 블랙과 화이트의 강한 대비감으로 이를 자연스럽게 해결하였다. 천장의 이러한 오브제는 명도의 차이로 인해 일차적으로 시선을 끌며, 조명이 비추는 방향으로서 다시 한번 바라보게 한다. 플라워 패턴을 돋보이게 하는 조명기구가 눈에 띄지 않는 보다 작은 크기였다면 더욱 효과적이었을 것이다. 조명과 실내건축 구조물과의 휘도 차이로 차별된 이미지를 표현하는 한편, 눈에 자극적이지 않으면서도 효율적인 간접조명으로 유니크한 전반조명을 구현했다는 점에서 좋은 사례이다.

서울 AVENUEL 지하 1층

　　아래 왼쪽 이미지는 복도의 조도가 높다 보니 매장으로 자연스럽게 시선이 가지 않고 하나의 공간이 되어 보이는 듯하다. 하지만 매장과 고객 휴게 공간의 전체적 밝기감을 비교해보면 공간의 구체적 목적별 조명 표현 방식이 상이함을 알 수 있다. 앞서 공용 복도와 개별 매장의 관계를 설명할 때 보았던 사례와는 반대로, 복도를 밝힌 사례이다. 매장과 고객 휴게 공간의 밝기감은 사용된 광원에 의한 차이도 있지만 바닥 마감재의 명도(공간 휘도)와 소재감이 더 큰 차이를 만들어내고 있다. 고객 휴게 공간의 바닥재 소재인 푹신한 카펫과 낮은 명도의 천장 마감재가 휘도를 낮추고 있다. 휴게 공간에서 편하게 앉아 쉬면서도 매장의 파사드와 내부를 볼 수 있도록 치밀하게 공간을 계획한 사례이다.

　　오른쪽 이미지 역시 복도 왼편의 바닥과 천장부를 어둡게 연출하고, 바닥 소재를 카펫, 천장은 목재로 하여 낮은 명도로 변화를 주며, 결과적으로 휘도를 낮추어 편안한 시각적 경험을 제공한다. 상대적으로 어두운 곳에 편하게 앉아서 시선이 머무는 곳에 쇼윈도가 보인다. 상품이 놓인 밝은 매장이다 보니 쇼핑에 대한 연속성과 기대감이 지속되는 느낌을 들게 해준다. 조명 역시 긴장감 높은 포인 다운라이트는 최소화하고, 코브 조명과 전방향 확산형 배광을 갖는 빛의 오브제, 플로어 스탠드 조명으로 直 중심의 설계를 함으로써 편안함과 쾌적함을 더하고 있다.

GINZA SIX(일본 도쿄)

연결 통로와 전이공간의 조명 구획과 연계

서울이나 도쿄와 같은 메트로폴리탄의 대형 쇼핑몰은 지하철(Metro), 호텔, 백화점과 실내공간이 직접 연결되어 거대한 상점가를 형성하는 경우가 많다. 이와 같은 대규모 상업시설들이 연계되면서 부분적으로 전이공간이 형성된다. 각 개별 영역의 조명계획도 중요하지만 전이공간에 대한 빛의 해석, 즉 전문적인 건축조명 설계는 단순한 구조적 연결에 그쳐서는 안 된다. 이용자나 고객들이 쉽게 시각적으로 동선을 판단하고 다음 행위를 결정할 수 있도록, 체계적인 빛의 장치들로 시퀀스를 설계하는 것이 무엇보다 우선되어야 한다.

다음은 이러한 경계부의 조명계획이 지닌 대표적 성격을 볼 수 있는 사례로, 서울 삼성역 일대의 쇼핑몰이다. 호텔과 백화점, 도심 공항터미널, 국제 규모 전시장, 카지노, 면세점, 무역센터 등이 대형 쇼핑몰과 밀집되어 있다.

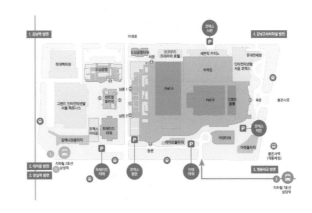

  그중에서 가장 대표적인 사례로 인터콘티넨탈 호텔과 연계된 쇼핑몰 통로를 살펴보자. 다음 이미지 중 왼쪽은 쇼핑몰에서 바라본 인터콘티넨탈 호텔 쪽 통로이며, 오른쪽은 반대로 호텔에서 쇼핑몰을 바라본 통로이다.

  두 시선을 살펴보면, 조명의 색온도, 마감재 재질, 빛의 반사율이 서로 달라 공간의 전체적인 휘도(밝기감)와 색감에서 상이한 인상을 받게 된다. 즉 서로 다른 두 가지 성격을 가진 빛의 공간에 대한 경계가 형성되어 있음을 알 수 있다. 호텔 이용객이 쇼핑몰 방향으로 향할 때는 전반적인 휘도와 색온도가 높아져서 지각과 각성의 빛의 공간을 느낄 수 있고, 호텔 투숙객이 쇼핑을 마치고 호텔 쪽으로 이동할 때는 낮은 휘도와 색온도 그리고 빛의 웅덩이(코모레비 그림자)로 연출된 빛의 영역으로 접어들어 휴식과 수면을 위한 심리적 안정감까지 확보할 수 있게 된다.

쇼핑몰에서 호텔을 향하는 시야 / 호텔에서 쇼핑몰을 보는 시야

쇼핑몰과 호텔 경계의 전이공간 조명환경 변화, 서울 삼성동 코엑스
쇼핑몰 내부의 파노라마(위), 호텔에서 쇼핑몰을 보는 시야(아래)

공간의 색온도 변화를 통한 전이공간 연출

다음 이미지는 도쿄의 롯폰기역에서 도쿄 미드타운으로 연결되는 통로이다. 롯폰기역 지하는 전반적으로 3,000K 색온도의 간접조명 방식으로 연출되어 있다. 안내판을 따라 걷다 보면 갑자기 색온도가 높아지는 높은 공간을 만나게 된다. 위에서 아래로 향하던 빛의 조사방향도 아래에서 위로 전환된다. 자연현상에서 폭포나 물레방아처럼 물이 위에서 아래로 흐르는 것이 일반적인데, 분수와 같이 인공적으로 물을 아래에서 위로 뿜게 되면 역동적으로 느껴진다. 빛도 마찬가지이다. 빛의 조사방향과 색온도의 변화를 주면서 50%의 直에서 순도 90% 이상의 直으로 연출하니 보행자 입장에서는 확실히 다른 공간으로 접어들었다는 인상을 받게 된다. 도쿄 미드타운의 시작점을 알리는 사인물 없이 색온도의 변화로 공간의 변화를 한눈에 알리고 보행자의 시선을 유도하여 자연스러운 동선 파악과 결정에 중요한 역할을 하고 있다. 간접조명 방식도 코니스에서 월-워셔 방식으로 바뀌어 휘도가 더 높아져 빛의 양도 증가하고 빛의 특성도 수직면 휘도 중심으로 전환된다.

롯폰기역에서 도쿄 미드타운으로의 전이공간, 색온도와 조명 방식의 차별화

롯폰기역 지하보도의 내부조명은 보행자 시선의 관점에서 더 효율적으로 공간의 밝기감을 확보하기 위해 바닥의 수평면 조도보다 수직면 휘도에 집중한 코니스 설계를 기본으로 하되, 긴 통로의 지루한 느낌을 줄이기 위해 의도적으로 바닥면에 빛의 웅덩이를 만들어 아름다운 음영(陰影, Shade)을 연출하고 있다.

롯폰기역 지하보도의 3,000K 코니스와 바닥면 빛의 웅덩이로 코모레비 음영 연출

대형 쇼핑몰을 설계하고 조명계획을 세울 때 가장 중요하게 고민할 요소는, 넓고 긴 복도의 지루한 느낌을 최소화하는 동시에 상점가의 각 매장에 대한 접근성을 높이며, 고객이 다음 이동 경로를 판단하고 결정하기 쉽도록 빛의 공간을 구성해야 한다는 것이다. 상업공간의 조명디자인은 어두움을 밝히는 조명기구를 설치하는 것이 아니라 고객의 시선을 체계적이며 효율적으로 이끌어 쾌적한 쇼핑공간을 연출하는 것이다.

아래는 파노라마 촬영 이미지처럼 보이도록 배치한 사진 자료이다. 이렇게 왼쪽에서 오른쪽까지 이미지를 연결해서 보면 알 수 있듯이, 다양한 공간의 표정을 지닌 영역들이 있다. 쇼핑몰 복도의 좌측, 가운데, 우측 영역의 설계가 목적별로 차별화되어 있으면서도 유기적으로 소통하고 연결되어 있다. 맨 왼쪽은 주간에 자연광 유입 조건을 고려한 조명계획을 세우고, 반사율 높은 소재로 천장부를 분리함으로써 입면에서 높은 천장에 대한 상승감을 더 강조했다. 가운데 영역의 긴 보행로는 지루하고 단순한 느낌을 최소화하기 위해 코모레비 효과를 사용하고 있다. 천장에 설치된 다운라이트와 바닥면 타일의 디자인을 함께 고려하여 설계되어 있다. 우측 편에 설치된, 츠타야 서점으로 유도하기 위한 코브 장치가 독특하다.

롯폰기역 쇼핑몰 조명환경. 도쿄 미드타운 방향

위의 자료 중 세 번째, 맨 오른쪽 사진을 상세 설명한다. 복도 왼편은 곡면 코브 설계로, 곡면의 오렌지빛 마감재에서 반사된 낮은 색온도 조명의 따뜻한 빛이 공간 전체에 전반조명의 역할을 맡고 있다. 이렇게 빛과 어둠을 양분하기 힘든 음영이 바닥에 투영된 바탕 위에서, 천장부에 설치된 다운라이트가 상대적으로 밝은 빛의 웅덩이를 만들고 있다. 이로써 이동 구간인 긴 복도에 시각적 재미를 주어 지루함을 상쇄시키고 있다.

아래 오른쪽 이미지는, 왼쪽 이미지에서 노란색 사다리꼴 점선으로 표시한 구역을 상세하게 보여주는 모습이다. 복도에서 새로운 매장으로 전이되는 공간의 입구에 빛의 장치로서 천장부 유백색 라이팅 박스를 설치하였다. 간접조명 방식인 直으로 입구 전체의 平도 확보하였다. 앞서 말했듯이 인간의 시지각에선 명암 대비(휘도 대비)에 의한 식별이 무엇보다 우선하기에, 멀리 떨어져 있는 고객도 한눈에 공간의 정보가 바뀐다는 것을 쉽게 판단할 수 있다. 화살표나 문자 정보가 포함된 어떠한 사인(Sign)보다 알기 쉽고 명확하다. 새롭게 연결되는 매장 입구의 천장과 바닥의 휘도의 명암대비는 복도의 그것과 정반대로 설계되어 있다. 원거리에서도 식별이 용이하며, 이용객들에게 시각적 즐거움도 제공하고 있다.

롯폰기역 쇼핑몰 조명환경 / 새로운 전이공간 조명(노란 점선 확대)

위의 사례를 보자. 왼쪽 이미지에서 백화점 쇼핑몰은 낮은 색온도와 광원의 높이로 연출된 데 반해, 전철 방향으로 이동하는 쪽은 상대적으로 높은 색온도와 조도, 광원의 높이로 구성되어 감성보다 이성에 호소하는 느낌을 받는 빛의 구성이다. 쇼핑을 끝내고 일상으로 돌아가는 귀갓길에서 필요한 조명환경이다. 반대로 백화점 쪽은 좀 더 아늑하고 따뜻한 느낌의, 긴장도가 낮은 조명환경으로 구성되어 있어 매장으로의 유입을 유도하고 있다.

오른쪽 위의 이미지는 패션 잡화를 판매하는 쇼핑몰 구역에서 먹자골목으로 연계되는 전이공간의 입구이다. 바닥재와 조명, 그리고 사인물까지 명도(휘도)와 소재감, 색감을 차별화하여 공간 전체의 긴장도를 한 단계 낮추면서 한눈에 다른 공간으로 접어들게 된다는 기대감과 상상력을 자극하고 있다. 이 역시 통합설계의 중요함을 상기시키는 사례이다.

도쿄역 백화점 쇼핑몰에서 보는 전철 방향 / 쇼핑몰 내 먹자골목 시작 지점

아는 만큼 보인다. 근본적인 문제를 체계적으로 설정하고 고민한 만큼 깨닫게 된다. 다음의 다양한 상업공간 내부의 복도조명 사례를 보면서, 옳고 그름보다는, 다양한 시선의 관점에서 문제점과 배울 점을 찾아보자. 그리고 기존 사례를 응용하고 발전시킬 수 있는 새로운 설계 방법을 모색할 기회를 만들어보자.

VMD

상업공간에서 매장에 대한 이미지는 경제적 가치를 측정하는 수단이기도 하다. 판매를 목적으로 단순한 물건을 파는 방식에서 벗어나 일관된 이미지를 확립한다. 이것을 VMD로 나타낼 수 있다. VM이란 비쥬얼(Visual)과 머천다이징(Merchandising)의 합성어로 용어의 의미를 직역하면 '상품계획의 시각화'를 뜻한다. 여기에 Design을 붙여 VMD로 쓰는 경우가 많다. 한국과 일본은 VMD, 유럽과 북미는 VM을 사용하는 것이 일반적이었지만, 최근에는 한국도 VM으로 쓰는 것이 바람직하다는 견해가 있다.

상품이 기획을 거쳐 판매가 이루어지려면 일관된 판매계획과 상품 전략을 전개해야 한다. 이는 상업공간의 이미지를 고객에게 시각적으로 전달하고, 효과적으로 매장 환경을 연출하여 매출을 증대하는 것을 목표로 한다. Visual은 '시각의', '눈으로 보는', 즉 시각화를 통한 전달 기술을 뜻하고, Merchandising는 '특정 상품', '서비스', 즉 상품의 계획과 관리를 의미한다. 문자 그대로 사전적 의미에만 집착하여 '시각', '시각화'라는 단어를 자주 사용하는데, 실제로 기존에는 디자인 개념에서 인쇄물이나 시야에 들어오는 각각의 단편적 공간구성 요소를 주로 분석하고 설계하는 경우가 많았다. 하지만 매장의 바닥재와 같은 내부 마감재, 조명, 쇼케이스 등 매장을 구성하는 세부 요소를 통합적 이미지로 인식하고 설계해야 한다. 매장의 쇼케이스나 상품 진열, 천장과 바닥, 벽의 마감 재질과 색감을 조명계획과 분리하여 고민한다면, 체계적이고 효율적인 시지각 효과들로 공간을 통합설계 하기 힘들다.

VMD 요소

VMD는 크게 VP, PP, IP 세 가지로 분류한다. VP는 Visual Presentation, PP는 Point of sale Presentation, IP는 Item Presentation을 의미한다. VP-PP-IP에 따른 매장

설계계획은 고객을 매장 내부로 유도하고, 고객이 상품을 선택하여 구매를 결정하고, 매장공간을 즐기며 쾌적하게 쇼핑하는 경험을 제공하기 위한 공간계획이다. 공간계획은 입체적으로 구성되지만, 고객은 그 공간을 인지하는 과정에서 한 장의 그림과 같은 시각적 이미지를 연속으로 보게 된다. 그러한 의미에서 VP-PP-IP의 통합적 설계란, 매장의 전체 분위기를 파악하고 동선을 예상하여 고객이 멈추어 서서 바라보게 되는 지점별로 어떤 장면을 연출할 것인지, 그럼으로써 어떻게 고객의 시각적 만족도를 최상의 상태로 유지할 것인지에 대한 계획이다. 이때 매장조명은 마치 무대 위의 배우를 비추듯이 상품과 함께 그 상품을 돋보이게 해줄 이미지나 오브제에 대한 연출의 역할을 다하게 된다.

	VMD		
	VP	PP	IP
역할	연출 콘셉트의 종합 표현으로 상품과 브랜드의 이미지 강화	VP의 이미지를 매장 내부로 연결하여 제시	구매 행위 결과에 직접 작용 상품 구매에 필요한 정보의 쉬운 파악
고객 유도 행위	매장으로 고객을 유도 접근성을 높임	보다 매장 안쪽으로 시선을 유도하고 상품에 관심을 높임	구매 여부의 판단을 돕고 구매 행위에 대한 신뢰감 구축
위치	매장 정면 마네킹, 쇼윈도 원경적 요소 매장 파사드 디스플레이 테이블, 스테이지	매장 안쪽 벽면 상단 선반 중경적 요소 매장 내부 동선에서 고객의 시선이 닿는 곳	행거, 소품 쇼케이스 근경적 요소
디자인 세부 요소	브랜드 정체성 콘셉트와 계절감, 트렌드 마네킹	주목성 강조 브랜드의 상징물, 상표 시그니쳐 상품 공간 정체성 강조	개별 상품의 색상, 사이즈, 스타일, 소재별 분류 및 정리

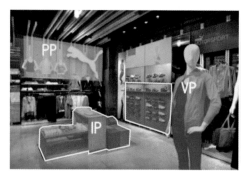

VMD와 매장조명

VP, IP, PP는 상품 판매에 원활한 시각적 요소로서 기능한다. 조명디자인도 매장으로 고객을 유도하고 상품 구매로 연결될 수 있도록 공간의 시지각 정보를 연출하는 데 적극적인 역할이 필요하다.

고객		매장 구성			
느낌	행동				
주위를 끈다	시선을 끈다	VP			VP + PP + IP = MP (Merchandising Presentation)
흥미를 느낀다	걸음을 멈춘다	VP	PP		VP + PP + IP = MP (Merchandising Presentation)
욕구를 느낀다	가까이 다가간다		PP	IP	VP + PP + IP = MP (Merchandising Presentation)
상품을 선택한다	비교하고 만져본다			IP	VP + PP + IP = MP (Merchandising Presentation)
선택을 확신한다	구매한다				VP + PP + IP = MP (Merchandising Presentation)
좋은 이미지를 갖는다	다시 찾는다	매장공간 디자인 + 상품 진열 + 접객 서비스			

VP – PP – IP의 심리적 역할과 고객 행동

VMD를 응용하면 매출을 높이기 위한 매장공간 시퀀스를 구성하는 데 유리하다. 조명계획에도 응용할 수 있다면 그 효과를 보다 증진시킬 수 있다.

다음의 표에서 VMD와 조명 목적 설계에 따른 조명 포인트를 맨 오른쪽의 平直

立 분석으로 살펴보면, 구체적으로 어떠한 조명계획이 필요하게 되는지를 명확히 이해할 수 있다. 고객을 유도하기 위해 매장 전체의 밝기감을 유도해야 한다면 무엇보다 直을 우선시해야 하는데 여기서 直은 확장된 의미에서 빛의 수직적 요소이다. 즉 대상과 관찰자와의 일정 거리가 확보되었을 때는 공간 내부에 있는 각각의 平直立 요소들이 빛의 수직적 요소(直)로 수렴된다.

PP에서 중요한 것은 매장 안쪽까지 고객의 시선이 잘 소통하게 하고, 쇼케이스 주변부를 쇼케이스보다 어둡게 유지하여 그것을 부각하고, 다음 IP 단계에서 상품 자체에 관한 관심을 높일 수 있도록 돕는 것이다. 상품 가까이 고객을 유도하기 위한 조명은 상품 주변의 쇼케이스나 쇼윈도로 고객의 시선과 동선을 유도하기 위한 빛의 수직적 요소를 기반으로, 5~10m 정도 거리에서 상품 자체를 더 가까이 접근해서 살펴보고 싶다는 생각이 들도록 하는 공간 전체 느낌이 중요하다. 각 매장의 특성별로 전반조명과 국부조명의 계획이 다르겠지만, 상품에 집중할 수 있도록 고객이 이동하는 통로, 복도보다 상품이 놓인 쇼케이스가 전체적으로 밝아 보이도록 直이 강조되어야 한다. 또한 상품이 가진 특성이 잘 드러나도록 立도 부수적으로 요구된다.

IP 단계에서는 고객이 상품들의 크기, 형태, 색상, 사양, 가격 정보를 비교하며 판단하고 합리적으로 쇼핑할 수 있도록 설명적인 빛(조명)의 구성이 필요하다. 이 상황에서는 상품의 명확한 인지를 위한 立이 우선시되며, 상품의 사양이나 성분, 가격과 같은 상세 정보를 살펴보기 위한 平도 요구된다.

접객과 대응, 커뮤니케이션을 위한 조명의 설계는 고객과 점원 간의 커뮤니케이션을 위한 조명인 동시에 구매의 최종 단계인 결제를 위한 빛의 계획이라는 점에 유의해야 한다. 여기에서는 고객의 요구사항, 상품 소개와 신제품 정보, 고객들의 선호도와 같은 정보를 원활히 교환하기 위하여 立이 기본적으로 요구된다. 그리고 고객이 관련 상품의 안내문을 읽거나 계약서에 서명하거나 신용카드를 승인하기 위해서, 부수적이지만 꽤 중요하게 平이 필요하다. 특히 카운터(계산대)의 조명 계획은 이러한 立+平의 조명계획이 매우 중요하다.

매장 전체를 편안한 쇼핑공간으로 조성하고 은은한 느낌으로 공간의 밝기감을 확보하고자 直으로만 내부 공간을 설계하는 사례가 많다. 하지만 공간의 세부적 특성을 살릴 필요가 있으며, 특히 결제를 위한 공간에서는 각별한 주의가 필요하다. 공간의 전체적 분위기도 물론 중요하지만, 필수적인 기능을 완전히 무시해서는 쾌적한 공간이라고 하기 힘들다.

	단계		VMD 목적	고객 시선 중심의 매장조명 포인트	광원(平直立)
VP	1	무관심	매장 인식 매장 접근성 유도	매장 내부 고객 유도 조명 (원경 중심) 복도와 매장의 휘도 차이 형성	直
	2	주의	상품과 브랜드, 콘셉트에 관한 관심 유도	쇼윈도 장식조명, 매장 전경 시인성 확보 매장 안쪽까지 시선 소통 유지	直 + 立 直 〉立
PP	3	흥미	쾌적한 매장 이미지 매장 안쪽까지 동선 유도	매장 전경의 쾌적성 (중경 중심) 쇼케이스와 주변 휘도의 균형과 시선 소통	直 + 立
	4	연상	상품 이미지와 조화	쇼케이스 강조 조명 쇼케이스와 주변 휘도의 균형과 대비	直 + 立
	5	욕망	구매 의욕 유도	쇼케이스 강조 조명 상품 부각 연출 조명	立 + 平 立 〉平
IP	6	비교	상품 비교와 선택 색상, 크기, 종류, 가격	상품 연출 조명, 고연색성, 조도 확보 제품 정보 시인성 (근경 중심)	平 + 立
	7	신뢰	상품 상세 정보 판단과 상품 결정	상품의 연색성, 제품정보 가독성 확보, 모델링 중심	平 + 立
	8	행동	구매 접객과 커뮤니케이션	결재를 위한 조도와 접객 중심의 소통을 위한 모델링 우선	立 + 平
	9	만족	접객과 대응 재방문 유도	접객과 커뮤니케이션, 대화 브랜드 신뢰감을 위한 POP, 사인물	立 + 直

3단계, VP (Visual Presentation)

VP (Visual Presentaion)

VP, PP, IP를 시선의 관점에서 보면 원경, 중경, 근경의 요소로 나누어 생각할 수 있다. VP는 고객의 시선을 끌어 매장 내부로 유도할 수 있는 시각적 요소이다. 백화점 건물 외부의 쇼윈도에서 시즌별 특별 판매나 할인 행사를 알리는 오브제, 사인의 연출 이미지, 그리고 마네킹 등이 이에 해당한다. 또는 상점가에서 건너편 보도나 가로에 상점들이 밀집한 가운데 해당 매장을 주변의 경쟁 매장보다 고객의 눈에 주목받을 수 있도록 하는 시각적 계획이나 구성도 포함한다. 백화점이나 대형 쇼핑몰

미국 뉴욕 5번가 / 중국 상해

의 내부에서도 각 브랜드 매장의 경우 매장 가장 외부에서 브랜드의 특성을 나타내는 그림이나 사진 이미지, 또는 대표 상품을 걸치고 있는 마네킹이 VP의 역할을 담당하기도 한다. 이로 인해 해당 브랜드나 매장 전체의 기획 의도, 콘셉트, 마케팅의 지향점이 드러나게 된다.

VP는 고객의 시선이 처음 닿는 쇼윈도나 쇼케이스로 상품 기획과 브랜드 콘셉트를 보여주어 이미지를 부각하게 한다. 그래서 매장 정면에서의 주목성이 강조되어 고객의 시선을 먼저 끌 수 있어야 한다. 매장의 특징을 연출 테마로 표현함으로써 고객에게 강한 인상을 심는다. VP의 가장 큰 목표로서 가로에서 또는 쇼핑몰 내부에서 타 매장과 차별화된 시각적 인지를 제공하여 호기심을 유발하고, 결과적으로 고객을 매장 내부로 유도할 수 있다면 성공이다.

쇼윈도는 상품의 무대

백화점이나 대형 매장의 쇼윈도는 도시의 야간 경관을 좌우하는 거대한 조명기구와도 같다. 브랜드의 상표와 이미지를 전달하기 위한 대형 광고판의 역할도 하고 도심의 가로와 보도를 밝히는 가로등의 역할을 담당하기도 한다. 이러한 도심 속 거대한 빛의 덩어리는 주간과는 색다른 풍경을 연출하고, 새롭게 드러나는 대형 간판이나 상품 홍보용 포스터와 같은 빛의 오브제로 사람들을 유혹하여 공간으로의 접근성을 높여준다. 쇼윈도를 통해 보는 상업공간은, 이전에는 매장 내부와는 단절된 외부로 보여주기 위한 쇼윈도가 주를 이루었지만, 최근에는 쇼윈도에 전시된 마네킹과 그 너머로 매장 내부 깊숙한 곳까지 시선의 유입이 자유로워 훨씬 더 개방적인 느낌의 공간이 늘고 있다.

이러한 외부 시선의 허용은 고객의 입장에서 공간에 대한 접근성이 상승하고 해당 브랜드의 상품과 서비스에 대한 관심과 호기심을 높일 수 있다. 또한 입구 가까이 대형 쇼윈도를 두지 않고 매장 전체를 쇼윈도처럼 계획하여 마네킹을 보다 매장 내부에 위치시키고 매장 내부로의 접근성을 높이기 위해 매장 가운데 위치한 마네킹을 빛으로 중점적으로 부각하기도 한다. 매장 입구 주변의 다른 빛의 요소를 억제하여 수평면 조도를 낮추면, 매장 내부의 조명에서 흘러나오는 밝기감이 자연스럽게 매장 밖으로도 연출된다. 밝은 빛을 따라 고객의 시선이 이동하게 되고, 접근성도 자연스럽게 높아지는 바람직한 조명을 연출할 수 있다.

쇼윈도는 상품의 무대로서 새로운 가능성을 제시할 수 있다. 브랜드나 매장은 마케팅 목적으로 제품과 서비스를 홍보하는 동시에, 도심의 삭막한 풍경 속에서 잠 재적 고객(시민)을 위한 공공디자인의 요소로 쇼윈도 디자인을 고민할 수 있다. 고 객이 도심의 구성원으로서 대중문화를 향유할 수 있는 공공-공익적 서비스도 겸할 수 있다. 이것은 도시의 가로에서 상업공간(매장) 측이 외부로 열어 공개하고 있는 전시물이라는 측면에서 가볍게 생각할 수 없는 중요한 요소이다. 이런 측면에서 북 미나 유럽의 백화점 쇼윈도 설계는 우울한 겨울철에 활기 넘치고 상쾌한 느낌의 색 상과 오브제로 변화를 주거나 유명 작가와 콜라보하여 공공미술의 일환으로 시민 들에게 작품을 보여주는 등 많은 노력을 기울이고 있다.

영국 Bergdorf Goodman 백화점 쇼윈도

4단계, PP(Point of Sales Presentation)

PP(Point of Sales Presentation)

PP는 상대적으로 VP보다 매장 내부의 요소이다. VP가 원경이라면 PP는 중경적인 요소로, 빛의 관점에서 보면 수직적 요소(直)에 해당한다. VP에서 인지된 매장 브랜드의 기획이나 콘셉트를 따라 고객의 시선과 동선을 보다 매장 안쪽으로 유도하는 역할이다. 책의 목차상 분류로 비유하자면 VP는 대분류, PP는 중분류, IP는 소분류나 상세 분류에 해당한다. 그래서 PP는 해당 브랜드나 매장에서 최근 발표한 신상품과 서비스를 홍보하거나 최근 특별하게 진행 중인 할인 상품, 또는 해당 업체 상품에 관한 브랜드의 역사나 최신 기술을 소개하기도 하며, VP에서 제시했던 브랜드의 상표나 관련 이미지를 노출시켜 통일된 시각적 체험을 고객에게 부여한다. 그럼으로써 VP 단계에서 어떤 호기심에 이끌려 매장 안으로 들어온 고객은, PP 단계에서 그 호기심이 구체적으로 어떤 느낌의 것인지를 구체적인 실체로써 체험하고 갈구하게 된다.

고객의 구매 결정을 유도하는 매장의 판매 포인트를 연출하기 위해서, 다음과 같은 네가지 방법을 제안한다. 첫째, 기획 상품의 판매 포인트를 보여준다. 둘째, 매장 내에서 자연스럽게 고객의 시선이 닿는 곳, 벽면 상단 또는 집기류 상단에 위치한다. 셋째, 고객의 시선 유도를 위한 연출 포인트(PP)를 배치한다. 넷째, 광고와 연계된 포스터 및 등신대 POP 광고물, 공로 표창 액자 등을 연출하여 기업 이미지를 부각시키고 고객이 기업의 신뢰성을 인지하도록 한다.

VP — PP — IP

전체적인 내부 공간의 계획이 명도가 높은 마감재라면 소재는 광택도가 낮은 소재 위주로 선택하고, 바닥재는 특히 반사율이 떨어지는 소재로 신중하게 마감하는 것이 중요하다. 다음 이미지에 보이는 기둥과 공간 중심부의 쇼케이스 하단부는 석재 느낌의 색감으로 통일되어 있고, 백색의 내부 공간 전체와 은근한 대비를 발생시켜 고객의 시선과 동선을 멀리서부터 유입시키고 접근성을 높이고 있다.

특히 백화점이나 대형 쇼핑몰처럼 내부에서 브랜드별 경쟁이 치열한 개별 매장이 모인 곳의 경우, 타 매장과의 차별화를 위해서도 우선 고객의 시선을 끌고 긍정적 평가를 받기 위해서 쾌적한 공간연출을 우선시해야 한다. 그다음 단계로 상품에 자연스럽게 집중할 수 있도록 조명을 연출하는데, 이때 실수 없이 설계하는 방법은 상품이 놓인 쇼케이스를 쇼케이스 주변부보다 밝게 연출하는 것이다. 상품이 놓인 쇼케이스에 빛을 집중하고 그 이외의 영역은 조명을 최소화하는 것이 요령이다. 고객이 매장 내부를 걷다가 주변보다 밝은 곳을 바라보면 그곳에서 상품이 떠오르는 느낌의, 말 그대로 상품을 부각하는 연출이다. 이때 획일적이고 균일한 천장설치 조명의 전반조명만 적용하는 것은, 고객의 시선이 주로 머물러야 하는 중심부에 해당하는 쇼케이스와 고객이 이동하기 위한 주변부 통로의 구분을 모호하게 만든다. 결국 상품에 집중하기 어렵고 동선도 결정하기 힘든 불쾌한 매장 조명환경이 되고 만다.

높은 천장은 일반적으로 상업공간 조명계획을 진행하는 데 있어서 다양한 시도가 가능한 장점이 있다. 하지만 체계적인 계획이 수반되지 않는다면 오히려 냉난방비와 과도한 조명 설치로 유지비용만 증가하고, 산만한 공간인상을 남기기 쉬어 주의가 필요한 난이도가 높은 공간이다. 다음의 조명 사례는 천장이 높은 매장에 배선

덕트(레일조명)와 스포트라이트를 적용하여 벽부 행거에 전시된 개별 상품 쪽으로 시선을 집중시키면서, 고객의 동선을 매장 전반으로 고르게 유도하였다. 높은 천장의 장점을 살려 광원의 눈부심은 최소화하고, 시선보다 높은 천장 공간은 극도로 어둡게 마감하여 고객의 시선을 차단함으로써 마치 무대의 뒤편 같은 느낌으로 연출하였다.

고객의 입장에서 마주하는 벽면 패턴과 휘도의 톤도 차별화되어 있어 공간이 가지는 깊이감과 확장감을 단계별로 느낄 수 있도록 체계적인 설계가 적용되어 있다. 어둡고 높은 천장과 대비하여 벽면 행거 쪽의 밝기감을 형성함으로써 상품에 대한 집중도가 강조되었다.

다음 이미지의 왼쪽 사례를 보자. 매장 천장의 스포트라이트가 상품의 조명 배광을 조절하기 용이하도록 설치되어 있지만, 에이밍이 제대로 되지 않아 쇼케이스를 고르게 비추지 못하고 부분적인 그림자 얼룩이 심하다. 고객의 시선에서 안쪽으로

진열된 쇼케이스일수록 단계적으로 휘도를 높여주는 설계를 적용한다면 평면적으로 인식되기 쉬운 매장 쇼케이스 공간을 보다 입체적으로 인지할 수 있다. 그러면 고객의 동선을 매장 깊숙한 내부까지 자연스럽게 유도할 수 있게 된다.

　매장 안쪽의 벽면을 환하게 밝혀 直 중심의 설계를 적용하면, 매장 전체 공간의 확장감을 높여 고객 동선을 매장 구석까지 고르게 유도할 수 있다. 거기에 벽면 전체를 최대한 활용하여 대형 쇼케이스를 설치하고 주목성을 높이면서, 다양한 색상의 상품으로 시선을 끄는 방법을 사용할 수도 있다. 이러한 설계 방식은 매장의 천장고가 높을수록 효과가 좋다.

독일의 대형마트 / 일본 도쿄 유니클로

5단계, IP(Item Presentation)

IP(Item Presentation)

IP는 근경적 요소로, 고객이 구체적인 상품을 가까이에서 보고 만지며 제품의 사이즈, 색상, 수량 등을 파악하고 구매 의사를 판단하며, 구매 행위로 이어지도록 하는 단계에서 중요한 시각적 환경의 제안이다. VP-PP-IP가 일관된 콘셉트와 마케팅 의도 아래 체계적으로 기획되었다면, 구매 후 매장을 나서는 고객도 자신의 구매 행위에 더 신뢰감을 가질 것이다. 해당 브랜드와 매장에도 더 좋은 이미지를 받고, 주변 사람들에게도 자신의 즐겁고 쾌적했던 구매 행위를 자랑하면서 그 브랜드에 대한 충성도와 신뢰감이 더욱 높아지게 될 것이다.

상품을 효율적으로 진열하여 고객이 상품을 쉽게 선택하고 구매를 결정할 수 있도록 해야 한다. 구매 결정을 유도하기 위한 상품의 합리적 진열 방법에는 다섯 가지가 있다. 첫째, 개개의 상품을 분류, 정리하여 보기 쉽고, 선택하기 쉽게 진열해 호감을 느낄 수 있도록 한다. 둘째, 매장 내의 쇼케이스나 선반 종류의 제반 집기류를 활용한다. 셋째, 상품군을 우수 상품, 추천 상품, 히트 상품 등으로 분류한다. 넷째, 서비스와 가격의 안내는 POP를 활용한다. 다섯째, 상품 진열을 PP와 연결한다.

PP와 IP의 관계

쇼케이스

쇼케이스의 조명은 구체적으로 상품을 자세히 들여다보고 다른 제품과 비교 분석하면서 구매를 결정하기 위한 빛의 계획이다. 우선은 쇼케이스로 고객을 유도하기 위한 조명도 중요하다. 그렇게 연출하기 위해 쇼케이스 주변부의 고객 이동 경로는 일부러 어둑하게 연출할 필요가 있다. 고객이 머물거나 서서 제품을 바라보는 쪽은 어둡고 상대적으로 제품 쪽이 밝아야 제품에 대한 집중도가 높아지며 고객은 편안하고 쾌적한 상태에서 쇼핑을 즐길 수 있다. 이것은 내부 공간의 색채, 구조 설계 등 어느 부문보다 기본적인 공간설계의 전제 조건으로, 조명계획, 색채계획, 구조계획의 통합적 고민이 필요하다. 조명계획은 물론이고 구조계획과 색채계획도 제품을 보다 부각하기 위한 환경으로 조성해야 한다.

따라서 주변부보다 상품이 놓인 쇼케이스가 돋보이도록 하기 위해서는 매장 전체를 균일하게 밝혀주는 획일적인 천장의 삼파장 매립등 설치를 자제하고, 쇼케이스, 제품이 놓인 선반 아랫부분에 낮은 높이로 광원의 배광이 바닥면을 향하는 간접조명을 설치하면 효과적이다. 광원의 위치가 낮을 때 색온도가 높으면 부자연스러운 공간인상이 연출되기 쉬우므로 광원의 색온도는 높지 않게 설정하는 것이 기본이다. 이러한 쇼케이스 하단의 간접조명은 주변의 어두움이 확보될 때 고객의 시선과 동선을 유도하는 효과가 나타나기 때문에 쇼케이스 주변부의 광원설계를 최대한 억제하여 쾌적한 음영이 나타날 수 있도록 해야 한다. 주로 이러한 쇼케이스는 식음료 매장에서는 작은 케이크나 디저트 종류에, 패션 매장에서는 의류보다는 작은 구두나 액세서리와 같은 패션 소품에 적용하는 경우가 많다.

쇼케이스에 진열되는 제품의 특성상 투명도가 높은 안경이나 보석, 유리 제품 등은 제품 가까이 광원을 두고 강하게 조사하여도 글레어가 크게 문제되지 않는다. 그래서 작은 소품의 전용 쇼케이스 내부 조도는 1,200~2,000lx 정도로 높게 적용하는 것이 좋다. 빛나는 면적이 크지 않고 고객 입장에서 다른 제품들보다 자세히 살펴보아야 구매 결정에 유리한 정보를 얻고 판단하기 쉽기 때문이다. 특히 안경, 유리컵 등 투명한 재질의 상품은 빛이 투과하는 느낌을 보지 않으면 정확한 제품 이미지를 판단하기 어렵다.

다만 높은 휘도(밝기감)로 인해 고객의 눈에 작은 쇼케이스 자체가 부담되지 않도록, 쇼케이스 주변부의 밝기감과 작은 쇼케이스의 휘도 대비를 심하지 않게 설계하는 것이 중요하다. 우선은 주변부보다 쇼케이스에 시선이 가도록 쇼케이스 쪽의 휘도를 더 높여주고, 쇼케이스 내부의 상품에 더 집중할 수 있도록 색온도와 연색성도 높여주는 방식을 적용하는 것이 효율적이다.

IP 단계에서 쇼케이스 조명은 무엇보다도 상품의 크기, 종류, 색상, 라벨의 설명, 가격 정보 등 고객이 상품 구매를 결정하기 위해 필요한 모든 정보를 면밀히 살펴보고 결정하기 쉽게 만들어주어야 한다. 그래서 쇼케이스는 매장 전체에서 가장 높은 조도, 색온도, 연색성을 유지하는 것이 좋다. 단 광원의 높이는 가급적 상품 가까이에 위치하는 것이 좋다. 조명의 광원도 넓게 유지할 수 있고 불필요한 눈부심과 전력 낭비도 막을 수 있기 때문이다. 최근에는 백열전구 계열인 스포트라이트가 LED로 대체되어 열 문제가 많이 해소되었으므로, 광원을 상품 가까이 설치하는 것이 상대적으로 용이해졌다.

천장이 높은 매장에서는 벽 전체를 고르게 밝혀주어 매장 내부로 고객을 고르게 유입시키기 위한 PP적 관점을 더 배려할지, 아니면 쇼케이스 높이까지만 밝혀서 집 중시키는 한편 고객의 시선 높이와 쇼케이스 높이를 세밀하게 고민하는 등 IP 관점에 집중할 것인지를 선택해야 한다. 이를 위하여 매장 전체의 고객 예상 동선을 시 퀀스까지 고려하여 미리 분석하는 것이 체계적인 설계 방식이다.

높은 조도, 색온도, 연색성 조건을 갖추고 상품 가까이 광원을 설치한 IP 중심 설계

상업공간의 조명은 고객의 쾌적한 쇼핑을 위하여 시선과 동선, 구매 행위, 나아 가 점원과의 소통, 그리고 매장공간 이미지에 대해 긍정적 평가를 받을 수 있도록 최대한 배려해야 한다. VP-PP-IP 관계의 조명설계에서 각기 하나씩 세부 영역에만 집중해서는 안 된다. 각각의 역할에 맞는 조명설계의 완성도를 높이면서도 VP-PP-IP가 서로 어떻게 연계하면서 고객의 시선과 동선을 쾌적하게 제시하고 있는지 평 면과 입면을 함께 통합적 설계 측면에서 면밀하게 고민해야 한다.

다음의 사례는 왼쪽과 오른쪽 모두 여성용 구두를 판매하는 매장이다. 왼쪽의 경우 크게 무리가 없는 것처럼 보이지만, 자세히 살펴보면 쇼케이스 하단부로 갈수록 제품을 살펴보기 위한 상세 조명이 무시되어 있다. 짙은 그림자로 인해 상품을 자세히 살펴보기 힘들다. 반면 오른쪽 매장은 상품이 놓인 선반을 발광하도록 설계하여 상품 자체를 부각하고 있다. PP적 관점에서도 고객을 매장 내부까지 유입시키기 위해 매장 안쪽 벽면을 환하게 밝히는 일반적인 PP 중심 설계를 택하지 않았다. 오히려 벽면을 어둡게 하여 천장과 바닥과의 강한 휘도 차이를 발생시키는 방식으로 시선을 끌어 고객을 유도하는 방법을 사용하고 있다. IP 관점에서도 상품에 대한 상세 정보를 파악하기 쉬운 충실한 조명계획이 적용되어 있다. 고객의 입장에서 보다 쾌적한 쇼핑이 가능한 조명환경이다.

소품 쇼케이스의 경우 매장 전체에서 차지하는 부피는 작지만, 그 존재감이 부각되어야 한다. 그러므로 조명의 인상도 집중되고 있다는 느낌을 강조해야 한다. 특히 마케팅에서 강조하고 있는 이벤트 상품이나 신상품을 홍보할 때 해당 쇼케이스 자체를 부각해 주는 설계가 중심이 되어야 한다. 그래서 특별하게 주변부와의 휘도 대비가 강하게 발생하도록 주의를 기울이고, 제품 자체에 대한 연색성도 높여 특별하게 설계할 필요가 있다.

특히 고급스러운 느낌을 강조해야 하는 귀금속, 시계 등의 소품은 공간 전체에 많은 쇼케이스를 설치하기보다는 매장 전체 공간에서 돋보이기 위한 강한 휘도 대비 중심으로 설계하는 것이 중요하다. 여기에서 휘도 대비란 조명설계를 고민하기 이전에, 쇼케이스 자체가 공간 5면체의 각 면과 어떻게 시각적으로 대비될지를 계획하고, 조명으로는 그 효과를 더욱 집중하여 강화하는 세밀한 설계가 필요하다. 일반적으로 이러한 휘도 대비를 강하게 연출하면 고급스러운 느낌을 강조하는 데 유리하다. 단, 이 경우에도 밝음과 어두움 외에 나머지 중간 휘도 대비 영역에서 쾌적한 음영의 리듬감이 형성될 수 있도록 주의해야 한다.

이번 장에서는 상업공간의 큰 공간 범주에서 점차 작은 영역으로 시각적 이동을 진행하면서, 매장에 필요한 빛과 공간의 요소를 통해 효율적이며 쾌적한 쇼핑 조명 환경의 조건을 살펴보았다.

조명디자인은 결국 시선의 계획이다. 상업공간에서 매장 내 고객의 이동과 동선은 공간의 시퀀스에 따른 시각적 변화를 기초로 한다. 이 변화에 대응 가능한 조명 계획은 무엇을 보여주어야 하는가? 매장에 설치된 개별적인 광원보다는 광원들이 모여 연출하고 있는 공간 전체의 배광이 중요하다는 사실을 깨닫고 분석할 수 있어야 한다. 나무가 아닌 숲을 먼저 보고 이해한 다음, 나무가 각각 어떻게 심어져 있는지 살펴야 할 것이다.

좋은 매장에는
빛의 비밀이 있다

카페와 음식점의 조명환경

카페(커피하우스)와 찻집

카페는 주거공간과 마찬가지로 기본적인 빛의 조건은 휴식을 위한 빛, 즉 直을 기본으로 한다. 그다음으로 원활한 대화와 소통을 위한 빛으로 立을 중요하게 생각한다. 直으로 카페 공간의 전체적 밝기감을 확보하는 것이 우선이다. 그다음으로 테이블 위를 비추는 다운라이트나 펜던트라이트 등으로 平을 만들고, 월-워셔(Wall Washer)나 코브, 코니스, 밸런스 타입의 각종 간접조명 방식으로 벽면을 비추어 수직적인 요소를 연출한다. 平과 直이 결합하여 나타나는 立으로 마주한 사람의 표정을 더 입체적이고 명확하게 볼 수 있도록 한다(立＝平＋直, 立은 平)直 조건에서 형성).

대화의 즐거움이란 마주하고 있는 앞사람의 표정을 얼마나 명확하게 인지할 수 있느냐에 따라 많은 영향을 받는다. 상대방의 표정을 인식하고 즐겁게 대화하기 위한 빛의 立 비율이 중요하다. 커뮤니케이션을 위한 목적이라면 立을 사용하는 것이 맞지만, 빛 방향성의 요소 중 어느 한 요소만 필요한 것은 아니다. 각 요소의 인상과 행위의 다양성이 존재하기에 공간의 목적에 부합하도록 빛의 平-直-立 비율을 적절하고 균형 있게 적용해야 한다.

테이블 조명의 경우 다운라이트로 넓은 배광의 빛을 비추면 전체적으로 밝고 격식 없는, 가볍고 캐쥬얼한 분위기가 연출된다. 협각 스포트라이트 등으로 배광을 좁혀 테이블 면을 밝히면 그 반사광으로 마주한 사람의 얼굴을 밝게 보이게 할 수 있다. 이때 얼굴의 음영이 너무 짙게 맺히지 않도록 벽부의 전반조명을 활용하는 것도 중요하다.

높은 조도, 색온도, 연색성 조건을 갖추고 상품 가까이 광원을 설치한 IP 중심 설계

다음 사례 중 왼쪽은 가장 실패하지 않은 카페 테이블 조명 방식이다. 테이블 위에 국부조명으로 펜던트라이트를 설치하여 커뮤니케이션에 도움을 주고(立), 매장 안쪽 벽면에 간접조명으로 공간 전체의 밝기감을 효율적으로 확보하며(直), 개인별 독서나 태블릿 PC 등을 보기 편안하도록 테이블 램프를 설치했다(平). 카페에서 요구되는 빛의 요소가 균형감을 가지고 잘 갖추어져 있는 것을 볼 수 있다. 학생들이 공부하거나 그룹 스터디를 많이 하는 대학가 근처 카페에는 특히 이러한 조명환경이 필요한데, 실제로는 그러한 빛의 배려가 부족하여 아쉽다.

오른쪽 이미지는 매장 전반조명으로 천장부에 코니스 조명을 설계하여 直으로 활용함으로써 매장 안쪽까지 시선을 유도하고 있고, 화면 왼쪽에 설치한 격자 구조물에도 월-워셔가 설치되어 아늑하게 밝기감을 형성하고 있다. 마주한 고객이 서로 대화를 나누기에 필요한 立으로 펜던트라이트도 적정하게 기능하고 있으며, 천장과 바닥의 패턴 디자인도 공간조명과 조화를 이루고 있다.

서울 청담동 현대 트레블라이브러리 / 일본 도쿄

다음(뒷장) 사례 중 왼쪽은 直만으로 설계한 사례이다. 가끔 이렇게 유행처럼 조명기구물만 부각되는 공간으로 조명환경을 설계하는 사례가 있다. 이 경우 천장에 매달린 조명의 배광이 전방향 확산형 배광이라 直이 매우 강하다. 따라서 편안한 느낌으로 공간의 긴장도가 매우 낮게 형성된다. 하지만 오랜 시간 머물고 대화하기에는 마치 안개 속에 있는 것 같아 오히려 답답하고 피곤하기 쉽다. 立이 갖추어져 있지 않아 마주한 사람과 대화하기에는 불편하기 때문이다. 상대와의 대화보다는 낮잠을 자기 위한 편한 휴식 공간을 연출하고자 한다면 이러한 조명환경도 바람직하다. 하지만 테이블이나 의자의 구성을 보면 그러한 목적으로 설계된 경우가 아니기에, 이 조명환경은 NG 사례로 분류한다.

오른쪽 사례도 공간 전체적으로 直을 우선하여 설계되어 있어 전체적인 밝기감을 효율적으로 형성하고 있다. 오른쪽 벽면도 조명기구의 위치나 배광으로 보아 정확하게 월-워셔를 적용하고 있다. 곡면으로 설계된 벽면과 천장, 바닥의 휘도 차이를 이용한 마감재 선정이나 색상도 적정하다. 한 가지 아쉬운 점은 펜던트라이트의 배광이 위에서 아래로의 방향성이 약해서 立은 부족하다. 펜던트라이트의 색상도 카페 이미지 컬러인 빨간색으로 맞추는 데 중점을 둔 것으로 생각된다.

서울 이태원 / 덴마크 코펜하겐

平直立 관련 이론적 내용이 반드시 조명설계에 적용해야 할 원칙이나 옳고 그름의 기준은 아니다. 따라서 정답이란 없다. 설계자가 공간의 목적과 상황에 맞도록 시공인(時空人)을 분석하고, 평면상 세부 영역별로 빛에 의한 공간의 긴장감 정도를 설정한 뒤, 테이블이나 의자 등의 가구적 요소와 조화를 이룰 수 있도록 공간설계 의도에 따라 平直立의 비율을 조절하는 세심한 배려의 디자인 작업이 요구된다. 그러한 平直立의 계획이 세워진 후에 광원을 선택하면 큰 실수 없이 쾌적한 조명공간을 설계할 수 있다. 이에 대한 구체적 사례는 5장에서 설명하도록 한다.

푸드 코트, 패스트푸드점

음식점 공간을 설계하는 디자이너는 찾아온 고객에게 최상의 서비스를 제공하기 위해 질적으로 우수하고 쾌적한 공간을 제공하는 것이 원칙이다. 하지만 문제는 테이블 회전율이다. 공간의 질을 높이기 위해 더 안락한 소파를 갖추고, 쾌적한 조명환경을 설계하기 위해 노력한다. 하지만 한정된 테이블에서 값싼 메뉴를 더 많은 고객에게 판매하여 이익을 얻어야 하는 점주로서는, 너무 오랜 시간 고객이 머물게 하는 디자이너의 노력이 도리어 매장 운영을 방해하는 요소로 작용할 수 있다. 이 경우, 당구장이나 PC방(인터넷 카페)과 같이 오랜 시간 머물수록 많은 요금을 지불하는 시스템을 적용해왔다. 이러한 시간제 요금 외에 다른 해결 방법은 가능하다면 테이크아웃을 유도하고, 음식도 최대한 빨리 나오며, 가능한 식사가 끝나기 무섭게 고객이 일어서도록 만드는 것이다. 패스트푸드점에서는 이러한 원칙에 충실하게 메뉴를 개발하고 실내공간을 계획한다. 그래서 매장 음악도 템포가 빠른 곡들을 주로 틀어주며, 높이가 높거나 팔걸이나 등받이가 최대한 생략된, 엉덩이를 받치는 면적도 좁은 다소 불편한 의자를 사용한다. 테이블도 넉넉하기보다는 좁고 불편한 편이다.

테이블 회전율을 높이기 위한 매장의 조명과 가구 설계

상대적으로 고가의 음식 메뉴로 구성된 레스토랑들과는 가구 구성이 확연하게 차이가 드러난다. 조명도 이를 응용하여 마냥 쾌적한 조명이기보다는 적절히 긴장감을 가지며, 고객이 쉽게 알아차리지 못하는 적정선에서 불편한 요소가 고의적으로 작동하도록 설계하는 것도 방법이다. 이때 실제 세부 공간의 용도별 적용에 있어 빛의 平直立 요소의 균형이 맞지 않도록 의도적으로 비율을 조정하면 손쉽다. 立요소가 강조될 상황에서 直이나 平 위주의 설계를 진행하거나, 直이 필요한 상황에서 平만 고려하여 설계하는 것 등이 그 사례이다. 또한 전체적으로 차분하고 안정된 느낌의 조명계획보다는 활기차고 생동감 넘치는 느낌을 위해 내부의 색채계획도 그에 맞는 방향으로 함께 고민한다.

테이블 회전율과 무관한 맥도날드 매장의 높은 천장과 고급 조명 (포르투갈 포르투)

레스토랑, 전문 음식점

음식점의 성공을 위해서는 무엇보다 음식의 맛, 접객 태도와 같은 서비스 그리고 매장(음식점)의 전체적인 분위기가 중요하다. 음식의 맛이 크게 차이가 나지 않아 비슷한 느낌이라면, 승부처는 오히려 공간의 분위기가 된다. 원조 집들이 늘어선 먹자골목에서는 비슷한 메뉴를 판매하는 식당들이 많다. 신당동 떡볶이나 장충동 족발, 춘천 닭갈비, 전주비빔밥 등 지역을 대표하는 유명한 음식들이 그러한 사레이다. 국내뿐 아니라 해외에서도 특정한 지역에 같은 메뉴의 식당들이 모여있는 경우를 볼 수 있다. 이러한 경우에는 음식의 맛도 중요하지만, 지역적 특색을 잘 살려낸 공간의 계획과 그에 맞는 조명계획이 필요하다. 지난 세월의 향수와 서민적 분위기를 연출하고자 일부러 더 심하게 찌그러뜨린 양은 주전자에 막걸리를 담아 팔거나, 드럼통을 개조한 테이블에 출입문에는 유리로 된 목제 미닫이문을 달고, 붉은색 유성페인트의 붓글씨로 가게 이름이나 메뉴를 적고 실내를 연출하기도 한다. 기성세대에게는 추억의 공간이며 젊은 세대에게는 시간을 뛰어넘는 새로운 공간적 체험이기도 하다. 어찌 되었건 양쪽 모두에게 평소에 접하기 힘든 공간이라는 점에서 비일상적인 공간으로 재미있게 인식된다. 조명도 보다 낡고 탈색된 느낌이 들도록 3,000K 이하의 낮은 색온도 광원을 주로 사용하여, 과거로 시간 여행을 온 것처럼 연출하는 계획이 필요하다.

실패하지 않는 레스토랑 조명계획의 세 가지 원칙이 있다. 이는 일반적으로 레스토랑 조명디자인에서 가급적 지켜야 할 조명설계의 원칙으로, 식음 공간에 있어서 필요한 빛의 요소를 중심으로 기본에 충실한 조명원칙을 지향한다.

첫째, 빛나는 테이블 면이다. 레스토랑에 입장하는 고객에게 멀리서도 한번에 테이블이 놓여있는 위치를 파악할 수 있게 해주어 동선을 결정하기 쉽게 해준다. 테이블에 조명을 집중하기 위해서는 테이블 외의 공간은 가급적 조명을 최소화하는 것이 바람직하다. 필요한 테이블의 수량대로 조명을 하나씩 추가해가면서 세부적으로 설계하고, 고객이 이동하는 복도는 조명을 최소화해야 빛나는 테이블을 연출할 수 있다. 이는 두 번째 요소로 설명할 빛의 입체적 요소(立)와도 자연스럽게 연결되는 내용으로 매우 중요하다.

또한 테이블 조명의 광원은 연색성이 높은 것이 좋다. 하지만 고연색성 광원의 경우 고가의 조명이 많다. 설계 조건에 따라 비싼 비용을 들이지 않고 조명을 계획해야 한다면, 스테이크, 불고기 등의 육류가 주류 메뉴라면 낮은 색온도로, 생선회나 채소, 과일이 주류라면 높은 색온도로 설계하기를 권장한다.

둘째는 빛의 입체적 요소(立)를 확보하는 것이다. 레스토랑은 대개 두 명 이상, 다수의 동행인과 대화하며 식사하는 경우가 대부분이다. 이때 커뮤니케이션을 위한 빛의 기능이 더욱 중요하게 다루어져야 하고, 그래서 立이 우선된다. 앞서 설명

한 바 있지만, 立은 平과 直의 균형이 중요하다. 이때 平이 直보다 많은 비중을 가지고 있어야 한다. 그래서 빛의 방향성이 강한 조명이 필요하다. 그리고 이에 충실하게 조명설계를 하면 테이블 면이 빛나게 된다. 즉 빛나는 테이블 면은 立을 형성하기 위한 수평면 조도의 확보에 대한 증명인 셈이다. 이렇게 테이블이 빛나면 마주한 이의 표정을 읽기 편안한 立이 쉽게 확보된다.

셋째는 내부 벽면을 밝히는 것이다. 앞서 설명한 대로 立=平+直이므로 直을 확보하기 위해 내부 벽면을 밝히는 간접광 설계가 필요하다. 이 간접광 설계는 直을 확보하여 공간의 전체적 밝기감을 확보하고 공간의 긴장도를 완화하여 편안한 시각적 이미지의 공간을 느낄 수 있도록 한다. 또한 벽면 가까이 있는 테이블에서는 벽에서 반사되는 은근한 빛으로 인해 테이블 위의 平의 강한 빛을 상쇄시켜 보다 부드러운 입체감을 연출하기에 유리하다. 단위 면적이 좁은 경우에는 앞서 설명한 빛나는 테이블만으로도 충분하다. 원활한 커뮤니케이션을 위한 立은 다운라이트나 펜던트라이트와 같은 방향성이 강한 광원 위주로 설계하면 우선 쉽게 해결할 수 있는데, 좁은 공간의 경우는 이때 배광곡선 상에서 발생하는 빛의 퍼짐이 벽과 바닥, 천장으로 퍼져나가 긴장감이 오히려 완화된다. 즉 直이 자연발생적으로 생성된다.

반대로 넓은 공간에 꾸만 있다면 공간의 긴장도가 매우 상승하게 된다. 넓은 방의 가운데 테이블이 놓여있고 그 위에 펜던트라이트 하나만 점등된 상황을 상상하면, TV 형사 드라마에서 보았던 경찰 취조실과 같은 느낌을 떠올리게 될 것이다. 매장 내부 벽면이 밝으면 실내 깊숙한 곳까지 고객의 시선을 유도하여 집객에 유리한 점도 있다.

공간의 특성상 천장이 높고 비교적 규모가 크다면, 시간의 흐름에 따라 조명의 색상이나 색온도의 미세한 변화가 서서히 일어나도록 하여 고급스러움을 높이는 조명연출도 가능하다. 고객이 식사하고 대화하는 입면상 하부에는 이성적인 기능적 조명을 연출하고, 입면 기준으로 바닥면에서 2,400mm 이상의 상부나 시선에서 멀리 떨어진 벽면에 색상 변화를 통한 공간 이미지 변화를 연출할 수 있다.

당연한 이야기지만, 앞서 설명한 이론이 언제나 정답이 될 수는 없다. 平直立의 원리를 너무 교과서적으로 지킨다면 크게 실수하지 않는 빛의 공간을 설계할 수 있지만, 밋밋하고 재미없는 빛의 공간이 양산될 수도 있다. 공간계획의 목적과 상황에 따라 平直立의 요소를 적절히 배분하여 균형감 있게 설계하는 것이 가장 효율적인 조명설계임을 명심하자. 의도적으로 平直立을 무시하는 파격도 때로는 필요하다. 단, 설계자가 명확한 의도를 가지는 것이 중요하다.

일반적으로 어두운 조명보다 상대적으로 밝은 조명 조건에서 사람들은 동료를 보다 긍정적으로 평가한다. 차가운 느낌의 조명을 사용한 높은 색온도의 환경보다는 따뜻한 느낌의 조명을 사용하는 낮은 색온도의 환경에서 좀 더 민주적이고 상대를 배려하는 이타적 방법을 통해 갈등과 문제를 해결하려고 노력하게 된다. 이것은 색온도, 광원의 높이가 낮을수록 공간의 긴장도도 낮아지기 때문이다. 이러한 빛의 특성과 공간을 이용하는 이용자의 관계를 이해한다면, 단순히 식음료를 판매해서 매출을 올리는 공간이라는 관점에 머무르지 않고, 고객이 쾌적한 시간과 공간을 즐기고 원활하게 커뮤니케이션할 수 있는 공간과 조명의 설계에 대해서 다시 생각해 보게 될 것이다.

매장 세부 공간별 조명계획

주방

　대규모 뷔페식당이나 작은 식당도 주방을 훤히 보이도록 공개하여 고객들과 적극적으로 소통하고 조리 과정의 신뢰성을 높일 수 있게 되었다. 따라서 음식점에서 주방이 단순히 조리하는 공간이 아니라 퍼포먼스를 위한 쇼룸의 역할도 겸하게 되었다.

　주방을 포함하여 물품 반입실, 배선실, 세척실, 냉동/냉장실, 식품 저장실과 객장 곳곳의 준비대가 조리 기능 공간에 속한다. 먼저 주방의 형태는 레스토랑의 규모나 조리 기기의 레이아웃, 객석 수와 회전율, 메뉴의 내용 등에 따라 달라진다. 예전에는 주방 내부를 가능한 보이지 않게 하였으나 요즘은 식품위생 보건법에 따라 일부 개방하여 청결성을 돋보이기도 하며, 주방의 정리에 각별한 주의를 기울이며 디자인 의도에 따라 오픈하는 곳도 많다. 개방된 주방은 고객에게 위생 상태에 대한 신뢰도를 높이고 조리 과정을 보는 시각적 즐거움도 선사한다. 그래서 이제는 셰프의 옷이나 표정 그리고 치솟는 불길이나 현란한 칼질과 같이 요리 과정의 시각적 퍼포먼스를 잘 보여주기 위한 무대 조명과도 같은 빛의 계획도 주방의 조명디자인에서 비중 있게 다루고 있다. 주방은 신선한 재료를 청결하게 작업하는 공간으로 조도에 관해서도 능률적 환경이 우선시되어야 한다. 그래서 단순한 조도 확보뿐 아니라 음식의 색상을 제대로 구현하기 위한 빛의 계획이 필요하다.

기본적으로 주방의 조리공간에서는 작업을 위한 빛이 가장 먼저 고려해야 할 요소이기 때문에 平을 우선으로 한다. 특히 조리공간은 조리를 위한 가스, 전기를 사용하여 고온의 기름이나 끓는 물, 큰 불꽃 등 높은 열과 칼이나 가위와 같은 위험한 조리기구를 수시로 다루기 때문에 안전상에 각별한 주의가 필요하다. 그 어느 작업공간보다도 수평면 조도를 충분하게 확보해야 한다. 그리고 신선한 식자재를 분간하고 음식의 색채감을 살려 완성도 높은 요리를 만들기 위해 고연색성 광원이 적용된 설계가 필요하다. 전반조명의 정도에 따라 달라지지만, 일반적으로 작업면(task)의 조도기준으로 300lx 이상은 갖추어야 한다. 그 외에도 개방된 주방은 고객의 입장에서 주방 전체의 밝기감을 쉽게 느낄 수 있도록 直도 주방 벽면에 요구되며, 뷔페식당에서는 고객과 마주 보는 바(Bar) 형식의 조리대에서 고객의 개별 주문에 따라 재료를 달리하여 스테이크, 초밥, 파스타 등을 조리해야 하기에 소통을 위한 立이 특별히 요구된다.

화장실

백화점 1층에는 일부러 화장실을 배치하지 않는 등, 화장실은 마케팅과 영업적 측면에서 고객이 가급적 매장과 쇼케이스 이곳저곳을 고르게 살펴보면서 갈 수 있도록 평면상 배치를 구석진 곳으로 하는 치밀한 계획이 적용되어 있다. 화장실에 가까이 가게 되는 상황에서는 화장실의 위치를 용이하게 확인할 수 있는 조명과 공간 설계가 적용된다. 벽면과 바닥의 밝기감을 확보하고 의도적으로 그 외의 전반조명은 생략하기도 한다. 남녀 화장실 사인도 빛으로 강조하여 고객이 동선을 파악하기 쉽게 한다. 아래 오른쪽 이미지와 같이 화장실과 관련한 공간정보는 특별하게 주목성을 높이기 위하여 다른 사인물과 차별화하기도 한다.

고객 동선 파악에 유리한 화장실 안내와 유도 목적의 조명환경

밸런스 타입의 간접조명 설계는 손을 씻고 화장을 고치기 위해 거울을 보는 화장실의 세면대에 가장 널리 적용되고 있다. 메이크업을 하기 위한 공간의 조명으로서 얼굴 한쪽에 음영이 드리워지지 않도록 전체적인 밝기감을 눈부심 없이 연출해야 한다. 거울 위와 아래에 밸런스 타입의 조명을 사용하여 얼굴 쪽으로는 광원의 빛이 직접 닿지 않게 하고, 조명을 세면대 끝에 에이밍하여 수평면 조도를 맞추면서 흰색 세면기를 강조함으로써 청결한 느낌을 부각하기도 한다. 색조 화장품을 피부에 착색하는 데 불편함이 없도록 고연색성 조명기구를 사용하거나, 연색성을 높이기 위한 조도+색온도 조건에 맞도록 조명환경을 조성한다면 가장 이상적인 연출이 가능하다.

화장실 조명을 병원의 흰색 복도나 벽과 같이 지나치게 밝고 차갑게 연출한다면, 공간 긴장도가 높아져 볼일 보는 데 불편하게 된다. 공간의 긴장도를 불필요하게 높이지 않도록 간접조명 방식을 기본으로 적용하여 공간 전체의 편안한 밝기감을 확보하는 것만으로도 충분하다. 남성 소변기 주변은 사용자의 눈높이보다 높은 곳에 코브 방식의 간접광원을 直 중심으로 설치하여 立을 최소화하면서 프라이버

시를 지켜줄 수 있다. 화장실 조명에서 변기나 세면대에 다운라이트로 조명을 집중 에이밍하면, 흰색 변기나 세면기를 강조하면서 보다 청결한 이미지가 돋보이게 연출할 수 있다.

엘리베이터 홀

다음은 공간기획 단계에서부터 조명환경을 고려한 통합적 설계가 아닌 획일적 인 공간설계 방식의 결과이다. 조명은 마지막에 실내건축 설계와 시공 마무리 단계 에서 천장에 조명기구를 일정한 간격으로 배치하면 그만이라는 생각으로 진행된 공간계획임을 알 수 있다.

대상 공간의 마감재 소재와 광원이 조화를 이루지 못하고 바닥과 벽, 천장의 전 체 휘도 균형도 기본적인 분석과 구체적 계획이 없어 개별적 요소에만 집중하다 보 니 불협화음이 심각하다. 시선의 측면에서도 휘도 대비 계획의 균형이 무너져 공간 5면체에 대한 인상이 산만하다. 고객이 시선을 어디에 두어야 할지, 엘리베이터를 타려면 어디로 이동하여 어떻게 이용해야 하는지 정보를 얻기 힘들다. 공간의 조명

설계가 단순히 밝고 어둡기에 관한 기준이 아니라, 통합적 빛의 공간연출이라는 점을 상기시키는 엘리베이터 홀 조명환경의 NG 사례이다.

엘리베이터는 협소한 공간에서 불특정 다수의 사람이 이용하게 되므로, 엘리베이터를 기다리는 동안이라도 프라이버시를 보장하기 위해 立을 최소화한 조명을 연출한다. 또한 음영을 줄여 사람의 표정을 알 수 없도록 간접조명 방식을 주로 택한다. 하지만 다음의 왼쪽 사례는 엘리베이터 홀 벽면의 패턴을 과하게 강조하다 보니 엘리베이터 안내 사인이 보이지 않을 정도로 산만한 느낌이다. 또한 오른쪽 사례는 안내판이 보이지 않을 정도로 조도가 낮아 그냥 전체적으로 어둡기만 하고 바닥 마감재도 반사율이 높아 눈에 거슬린다. 전체적으로 편안한 공간인상을 주고는 있으나, 명암과 휘도대비로 형성되는 적정한 공간 긴장도를 맞춰 시선과 동선 판단에 도움을 주고, 멀리서도 엘리베이터 홀의 위치를 인지하기 쉽도록 하여 고객 접근성을 높이기 위한 노력이 필요하다.

　　아래 사례는 강한 휘도 대비로 공간의 5면체 인상이 강하고, 고객의 시선과 동선 유도에 유리하다. 하지만 공간의 인상이 너무 강하고 무겁지 않도록 주의가 필요하다. 마치 정복을 잘 차려입은 장교와 같은 느낌으로 공간의 이미지를 의도적으로 무겁게 연출하여, 고급스러운 이미지와 함께 상징적 권위 연출에는 유리하다. 이러한 공간 조명의 설계 방식은 난이도가 높은 편으로, 공간 내부로 점차 이동할 때 상대적으로 안쪽의 直을 시퀀스상에 설계할 수 있는 디테일도 요구된다.

　　다음은 이전 사례와 비교하여 상대적으로 5면체 간의 휘도 대비가 적어 편안하고 경쾌한 공간 이미지의 조명환경이다. 바닥과 벽의 휘도 대비를 연출하기 위한 마감재 선택이 조명계획보다 우선한다는 것을 알 수 있다. 이러한 공간의 통합적 설계

를 이해하고 공간 디자이너와 조명디자이너가 적극적으로 협업할 필요가 있다. 오른쪽 사례는 엘리베이터 홀이 안쪽으로 꺾인 부위에 있다. 낮은 색온도의 코니스 설계 간접조명으로 벽면을 밝히고, 엘리베이터 이용 고객의 시선과 동선을 편안하게 유도하고 있는 모습이다.

아래의 왼쪽 사례는 엘리베이터의 정확한 위치를 나타낼 수 있도록 주변 조도를 낮추고 엘리베이터 문만 비추고 있다. 바닥면 조도는 천장의 다운라이트로 빛의 웅덩이와 음영을 만들고 있으며, 관찰자(보행자)가 일정 거리 떨어지면 直으로 인식

서울 삼성동 코엑스 인터콘티넨탈 호텔 / 일본 도쿄 Tokyu Plaza

하는 공간 전체의 밝기감을 쾌적하게 확보하고 있다. 정면으로 마주 보이는 어두운 갈색 엘리베이터 문에 강한 조명의 배광으로 直을 확보하여 시인성을 높이고 있다.

오른쪽 사례는 벽면을 코니스로 설계하면서 전체적인 밝기감을 확보하면서도 의도적으로 엘리베이터 자동문은 일부만 비추고 있다. 그 외의 영역은 조명을 억제하여 시선을 엘리베이터에 집중시키고 있어 고객이 동선을 판단하는 데 도움을 주고 있다.

다음 사례를 보면, 멀리에서도 엘리베이터 위치를 파악하기 용이하다. 이와 같이 매장 전체가 비슷한 톤으로 각 5면체 사이에 휘도 차이가 별로 없는 밋밋한 공간이라면, 엘리베이터 상부에 특정 색상을 강조하기 위한 조명을 적용할 수 있다. 이는 특정 매장에 있다는 공간의 정체성에 통일된 느낌을 주는 효과도 있다. 브랜드 이미지로 통일된 색상을 적용하거나 층별 대표 색상을 적용함으로써 환경 색채계획과 체계적으로 연계하는 것이 바람직하다. 오른쪽 사례에서 보듯이 5면체 사이의 변화가 적다면, 마치 흰색 석고상에 조명을 비추어 대상의 입체감을 강조하는 것과 같은 원리로 바닥 마감재의 패턴이나 조명의 배광을 조절하여 공간의 전체적인 입체감을 섬세하게 연출하는 것이 가능하다.

계단과 에스컬레이터

계단과 에스컬레이터의 조명환경은 무엇보다 새로운 공간으로 이동하는 고객의 관점에서 시선을 처리하기 편하도록 설계해 주는 것이 중요하다. 이를 위해 밝고 어두운 적정한 휘도 대비 형성이 필요하고, 천장에 설치하는 수평면 조도 중심의 광원계획보다는 암흑 상태에서 필요한 곳에 조금씩 조명을 설치하여 미세한 빛의 감각을 조정하는 것이 바람직하다. 단순히 너무 강한 명암의 휘도 대비만 있다면 공간의 긴장도가 높아지므로 리듬감과 균형을 유지하면서 낮은 광속의 부수적 광원을 다수 설치하여 아름다운 음영의 연출이 이루어지도록 한다면 이상적이다.

계단 자체를 밝게 비추는 것보다 다음 이동 지점의 상황을 시각적으로 판단할 수 있도록 시선의 관점에서 조명이 필요하다. 조명환경과 시지각 환경이 안정적이라면, 계단을 오르내릴 때 계단을 쳐다보며 걷지 않는다. 계단보다 그 주변부가 어둡거나 밝기감의 차이가 없어 전방의 공간 상황을 명확히 판단할 수 없어서 시선이 불안해지면, 즉 시선 처리가 어려우면 계단 위를 조심스럽게 살펴보면서 걷게 된다. 마치 인간이 직립보행으로 진화하면서 시선이 전방으로 향하게 되고 直으로 공간의 밝기감을 인식하게 된 것과 비슷한 원리이다.

층간 이동에 필요한 밝기감의 차이로 동선 파악에 유리

고객의 시선을 매장으로 유도하기 위하여 복도 등의 매장공간 외에는 조명을 최소화하는 것이 집객을 위해서 효율적이다. 에스컬레이터나 계단의 위치는 고객의 시선에서 따로 부각되기 어렵기 때문에 별도의 조명이 장치된 사인 구조물을 설치하거나 에스컬레이터 상부에 시선을 끌 만한 조명 오브제를 설치하는 것도 좋은 해법이다. 단, 이때 설치되는 빛의 조형물 주변 환경이 적정한 어두움을 유지할 수 있도록 설계하는 것이 중요하다.

층간 정보와 에스컬레이터 위치를 파악하기 쉬운 조명

마찬가지로 다음의 사례도 고객이 쇼핑 중 더 편하게 에스컬레이터 위치를 찾을 수 있도록 설계한 사례이다. 이전 사례와의 차별점이라면, 벽면과 천장에 각각 코니스, 코브 설계의 간접조명을 설치하여 눈에 자극적이지 않으며 효율적인 공간의 밝기감을 쾌적하게 형성하고 있다. 오른쪽 사례는 에스컬레이터를 내려가는 지점의 바닥재를 어두운 톤으로 설치하여, 단차로 인한 위험 상황에 대비하도록 휘도 차이를 활용한 공간정보를 알려주고 있다. 천장의 다운라이트는 바닥면을 밝히면서 이 휘도 차이의 정보를 강조하고 있다.

直으로 에스컬레이터 위치와 공간의 편안한 밝기감 확보

에스컬레이터에 탑승하여 이용하는 고객을 위한 최소한의 조명장치를 설치하기도 하는데, 이는 잘못 설치된 사례가 많아 더욱 주의가 필요하다. 이 조명은 지나치게 밝게 설치해서는 안 된다. 글레어가 발생해 눈이 부시기도 하지만, 위아래층으로 이동할 때 다음 목적지 공간에 시선을 두기 편하도록 최소한의 밝기면 충분하다. 이것이 고객의 시선과 동선을 유도하는 데도 쾌적하고 안전 측면에서도 하다. 오히려 밝혀야 할 곳은 에스컬레이터 시작 부분과 끝나는 부분, 즉 단차가 발생하는 영역이 중요하다. 이 부분에 밝기를 강조하는 설계가 필요하다. 오른쪽 사례는 에스컬레이터 아랫부분이 주변의 조명 때문에 상대적으로 너무 어두운 음영이 지는 것을 막기 위한 용도로 설치한 조명 사례이다.

에스컬레이터 아래의 어두운 음영을 위한 조명 사례

다음은 에스컬레이터 주변부 조명을 매장 전체 시선의 스케일로 해결한 사례이다. 특히 천장이 높은 백화점의 경우, 벽면 전체를 라이팅 월(Lighting Wall)로 마감하여 공간 전체를 보다 넓고 확장된 이미지로 연출할 수 있다. 에스컬레이터 가까이 설치하는 라이팅 월인 만큼 에스컬레이터에 탑승한 고객의 시선에서 눈부심은 줄이고, 공간 전체의 밝기감만 확보하는 느낌으로 연출하는 것이 요령이다. 고객의 시각 인지적 관점에서 거대하고 밝은 빛의 조명기구를 설치한다기보다는, 밝은 색상의 벽면을 최소한의 휘도 중심으로 라이팅 월의 존재감만 느낄 수 있도록 접근하는 설계 방식이 유리하다. 광원이 유백색 확산판에 비추어 보이지 않도록 프로토타입이나 부분적 목업(Mock-up)을 제작하여 현장에서 테스트해보는 것이 필수적이다.

에스컬레이터 옆의 벽면을 활용한 라이팅 월 방식의 전반조명

계단은 다른 공간으로의 이동을 위한 장치로 새로운 기대감을 불러일으키기도 한다. 상업공간의 특성상 공간구성에 따라 새로운 입구나 매장공간의 파사드로 인식되기도 한다. 계단 자체가 매장의 파사드의 역할을 담당하게 되면 매장의 첫인상으로 고객의 시선을 끌어 자연스럽게 발걸음을 향할 수 있도록 하고, 매장 내부에서는 드라마틱하게 즐겁고 새로운 비일상적 공간체험이 이어진다는 기대감을 높일 수 있도록 특별하게 신경 써야 한다.

영국 플리머스 지역의 매장 계단 (가운데)

다음은 홍콩 퍼시픽 플레이스와 중국 Barbie Shanghai Store 사례이다. 새로운 공간으로 이동하고 있음을 은유하는 빛의 전이공간으로 연출한 에스컬레이터 조명환경이다. 평범한 일상의 가로에서 고객을 매장 영역의 새로운 공간으로 유입시켜 비일상적 공간체험을 제공하고자 하거나, 대형 매장에서 특별 기획 전시 판매전 등을

다른 시공간의 이동을 은유하는 빛의 전이공간 역할의 에스컬레이터 조명환경

열 경우 전이공간의 의도적인 공간구성과 빛의 기획이 필요하다. 상업공간을 단순히 상품과 서비스, 해당 브랜드의 이미지를 체험하기 위한 판매장이 아니라, 고객의 기대감을 고취시키고 브랜드 이미지를 홍보하는 쇼룸으로써 가슴 설레도록 하려면, 엘리베이터나 계단을 매장의 중요한 전이공간으로 기획하는 것이 중요하다. 매장 조명설계에서 일반적인 平直立의 원리와 적용 방법을 고의적으로 무시하거나 변형하면서 과감하게 파격적으로 설계하는 것이 필요한 영역이다.

백화점은 각 층이 에스컬레이터로 연결되어 있다. 에스컬레이터를 이용하여 오르고 내려 가는 동선에서 반드시 만나게 되는 쇼케이스들이나 작은 매장에서는, 팝업 스토어(Pop up Store: 팝업 매장) 형식으로 특별한 할인 행사나 시즌별 이벤트를 통해 상품과 서비스를 제공한다. 이 팝업 공간은 매출이 상당히 높은 편이며, 백화점을 운영하는 측에서 매출증진에 기대를 거는 곳이다. 그래서 고객이 매장을 조금이라도 더 돌아보게 하려고, 동선을 멀리하여 에스컬레이터를 이용하도록 설계하기도 한다. 예를 들면 남성복 층에는 이 팝업 매장에 성인을 위한 키덜트 상품으로 피규어샵이 입점하기도 한다. 일정 기간의 계약 기간에만 운영하는 공간이 대부분이라서 정규 매장보다는 새로운 상품의 도입과 시도가 자유롭다는 장점도 있다.

조명과 안전

에스컬레이터는 기기 작동의 오류나 고장, 혹은 혼잡하게 탑승했을 때 위쪽에 탄 사람이 넘어지면서 뒤편의 사람들까지 도미노식으로 다치는 등 자칫 대형사고가 일어날 수 있는 곳이다. 그러므로 특히 안전사고에 조심해야 한다. 편리하지만 전이공간에서 가장 위험요소가 많아 각별히 주의가 필요하다. 계단과 에스컬레이터의 조명계획에 있어 주의를 기울여야 할 부분은 단차가 발생하는 부분이다. 에스컬레이터에 올라타는 부분과 내리는 부분은 중간 부분보다 한 단계 높은 수평면 조도를 만들어 고객의 주의력과 경각심을 불러일으킬 필요가 있다. 에스컬레이터의 전체적 밝기감을 확보하기보다는 에스컬레이터(계단) 시작부의 바닥에 있는 노란색 점자블록이 환하게 잘 보이도록 하면 적정하겠다. 이때 점자블록의 역할은 시각적으로 특별히 불편함이 없는 고객을 위해서도 중요한 역할을 담당하는 셈이다. 이러한 안전에 대한 고민은 계단도 마찬가지다.

상업공간은 불특정 다수가 사용하는 공공의 영역으로서, 안전성 측면에서 잘못된 조명계획은 비상구 안내판이 잘 보이지 않아 재난 상황 발생 시 큰 사고로 이어질 수 있는 등 위험한 경우가 많다. 특히 단차가 있는 에스컬레이터나 계단의 시작과 끝부분에 경계와 시각적 주목성을 높이기 위한 빛의 장치 등이 부족할 때가 많다. 실제로 전철역에서 가장 많이 발생하는 안전사고의 유형은 계단이나 무빙워크, 에스컬레이터 사고이다. 목도리나 긴 옷, 아이들의 신체 일부가 에스컬레이터에 끼어서 사망에 이르는 사고로 이어지기도 한다.

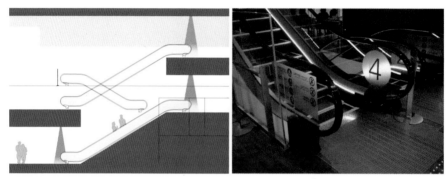

고객 안전을 위한 에스컬레이터 조명환경 / 에스컬레이터 단차 발생 구간의 조명

에스컬레이터는 이동하면서 매장 전체의 경관도 볼 수 있어 매장공간의 전체 이미지를 조성한다는 면에서도 중요한 역할을 담당한다. 안전성에도 효과가 있지만, 시인성도 좋아져서 공간의 이동 동선을 파악하기에 유리하다. 에스컬레이터에 탑승

고객 안전과 시인성 중심의 에스컬레이터 조명환경

하고 있는 구간보다 타고 내리는 영역, 즉 단차가 발생하는 곳에 수평면 조도나 휘도를 집중적으로 높여주어 밝음과 어두움의 대비를 확실하게 만들어주는 것이 고객의 시선과 동선 결정에도 유리하고, 안정성에서도 더욱 효율적인 조명계획이다.

고객 대부분이 많이 이용하지만, 큰 사고를 직접 목격하지 못하면 그 위험성을 일상에서 인식하긴 어렵다. 물론 에스컬레이터 사고의 예방은 대부분 안전한 기계를 위하여 보다 체계적 설계와 시공이 필요하다. 조명계획상의 대안이라면 에스컬레이터의 긴 이동 공간은 의도적으로 어둡게 설계하면서 시작 부분과 끝나는 부분에는 바닥의 마감재의 명도 대비를 강하게 주거나 경고의 색상을 넣은 타일로 설계하고 바닥의 수평면 조도도 3배 이상 특별하게 높게 설계하여 승객의 주의와 경각심을 높이는 것이 바람직하다. 에스컬레이터 계단 가장자리에 노란색 경계선을 그어 고객들이 그 안에 서도록 유도하는 것도 필요하다. 또한 비상 상황 발생 시 빨리 에스컬레이터를 정지시킬 수 있도록 빨간색 비상정지 스위치가 눈에 잘 들어오도록 설계하는 것이 필요하다.

단차가 발생하는 영역의 휘도(밝기감) 차이로 안전성 확보가 필요한 계단의 조명

계단 전체를 고르게 비추는 것은 비효율적이다. 그보다는 계단 일부를 빛으로 강조하여 멀리서도 고객이 계단의 위치 정보를 빠르게 인식, 판단하고 동선을 파악할 수 있도록 해주는 시각적 배려가 필요하다. 계단 벽면에 스텝라이트를 설치하거나 계단을 설계하는 단계에서 계단의 입면상 LED 라인 램프, 스텝라이트 조명을 설치하여 주변부와 휘도 차이가 발생하도록 하는 설계 방법이 있다. 이러한 계단 조명을 연출하는 경우에는 특별히 소재의 반사율과 마감에 주의가 필요하다. 바닥 소재에 램프가 번들거리며 반사되면 눈이 부실 수 있고 완성도도 떨어져 보인다.

비일상적 공간과 빛의 체험

상업공간의 비일상적 공간연출

상업공간의 공간설계나 조명계획에서 고객에게 제공하는 비일상적 체험이란 매우 중요한 설계 방법의 하나이다. 발터 벤야민(Walter Benjamin)이 남겨 놓은 19세기 파리의 근대도시 모습과 메모와 같은 방대한 자료를 미국의 수잔 벅 모스(Susan Buck-Morss)가 정리하여 1989년에 발간한 『아케이드 프로젝트』에 의하면, 벤야민이 제시한 근대 실내공간에 대한 논점은 실내공간이 멀리 있는 것과 오래된 것, 즉 이국적인 것과 과거에 대한 향수를 추구한다는 것이다. 이것들은 공간상으로 그리고 시간상으로 거리를 두고 현재, 현실과는 동떨어져 분리된 것이다. 이것을 다른 용어로 정리하면 '비일상적'이라고 할 수 있다.

상업공간의 목적은 결국 고객의 마음을 움직여 제품이나 서비스를 구매하도록 하는 것이다. 당장 매장에서 구체적인 구매 행위가 이루어지지 않더라도 중장기적으로 브랜드나 상품에 대한 호감을 발생 및 유지하고, 이후 벌어질 구매에 대하여 긍정적 판단을 내릴 수 있도록 매장 내에서 쾌적하고 만족스러운 분위기를 느낄 수 있어야 한다. 이를 위해서 늘 일상에서 평범하게 보던 모습의 공간 이미지보다는, 고객이 매장에 들어서는 순간 신선한 자극과 비일상적인 공간경험을 할 수 있도록 연출하는 것이 이상적이라고 할 수 있다. 만약 편안한 느낌의 매장경험을 할 수 있도록 연출하고자 한다면 그것은 고객의 자신의 집에서 느낄 수 있는 편안함과는 비일상적 느낌으로 차별화되어야 한다. 그래야 매장에 대하여 신선한 느낌을 받을 것이고 고객의 재방문 확률이 높아질 것이다.

다음은 눈이 내리지 않는 남쪽 나라 홍콩의 대형 쇼핑몰 크리스마스 시즌 보이드 공간설계이다. 시공간을 왜곡하는 장치들로 고객의 시선을 끌고, 색다른 비일상적 공간을 연출하고 서비스하면서 오랜 시간 고객이 매장 내부를 즐기며 쇼핑할 수 있도록 한다. 이때, 매장조명은 거대한 쇼핑몰이라는 무대의 시각적 마술로 대상을 숨기고 변형하면서 공간의 비일상적 체험효과를 극대화한다.

홍콩 IFC몰 VOID 공간

이러한 비일상적 체험을 느낄 수 있도록 인류가 오래전부터 고민해오던 공간이 있다. 종교시설물의 내부 공간은 인간의 감각으로는 상상조차 하기 힘든 신의 스케일로 구조를 설계한다. 그래서 중세 유럽의 교회 건축은 높은 실내공간과 첨탑, 형형색색의 스테인드글라스를 통해 유입되는 빛의 교향곡이나 채플의 내부를 채운 매캐한 촛불 연기를 투과하며 가로지르는 높은 천장부의 태양 빛으로 가득 채우는 연출로 신의 경외(敬畏)로운 존재를 체험할 수 있는 쇼룸으로써 역할을 담당해왔다. 어느 종교를 막론하고 이러한 공간적 구성을 통하여 신을 느낄 수 있도록 빛을 만들어 왔다. 법당의 어스름한 어두움 속에서 촛불에 의해 더욱 은은하게 빛나는 거대한 황금빛 불상이나 화려한 오색 탱화나 이슬람 사원 내부의 수많은 크리스털 램프 속의 촛불이 이즈닉 타일에 반사되고 확산되어 기도하는 코란의 소리를 더욱 경건하게 만드는, 세속적 인간 세상에서 볼 수 없는 비일상적 빛의 풍경이다. 이와 같이 종교 건축을 응용하면 상업공간에 필요한 빛의 비일상적 체험을 적용할 수 있게 된다.

강원 원주의 천태종 성문사 내부 / 사그라디 파밀리아 성당 내부 (스페인)

비일상적 색

매장 입구에 LED 컬러체인지형 조명을 사용하는 경우가 많다. 업계에서는 LED RGB로 통상 지칭하고 있다. 이러한 연출 방법은 이미 10여 년 전부터 사용해 왔던 것이고, 국내에서도 이미 적용된 지 오래된 기법이지만, 새로운 광원인 LED가 사용되면서 색상 변화가 너무 다양해진 것이 오히려 문제가 된다. LED 이전의 광원에서 색의 변화를 주기 위해서는 광원의 앞부분에 컬러 필터를 설치하여야 했는데, 이것도 몇 가지에 한정되어 있으며 기술적으로도 어려운 전문기술로써 공간적 상황을 충분히 고려하고 신중하게 변화를 주었다. 하지만 LED는 인간이 느낄 수 있는 거의 무한대에 가까운 많은 종류의 색상을 구현할 수 있다. 덕분에 자유로운 빛의 색상이 가능하지만, 환경에 어울리며 인간의 심리적 감정에 거슬리지 않는 빛의 색상에 대한 고민이 없는 상태라면 불쾌한 빛 공해로 느껴지기 쉽다. 예를 들면 LED 이전의 광원에서 파란색의 색광을 나타내기 위해서는 여러 종류의 컬러 필터를 신중하게 골라 실험을 해가면서 작업을 진행했지만, 지금은 LED 컬러체인지 프로그램에서 쉽게 바꿀 수 있다. 그래서 그냥 기본적으로 사용하는 LED의 파란색을 사용한다면, 지나치게 인공적이고 거슬리며 눈에 자극적인 흉측한 파란색이 연출되는 경우가 많다. 또한 색상이 변하는 시간의 주기도 너무 짧아 그 느낌이 경박스러울 때도 있다.

매장 입구의 LED RGB 미디어 파사드 (일본 도쿄 하라주쿠)

따라서 LED 컬러체인지에서 가능한 모든 원색의 색광을 보여주겠다는 식의 과도한 연출은 피하는 것이 바람직하다. 특히 주유소나 모텔과 같이 주변의 동종 영업장보다 시선을 끌어 고객을 모으려는 생각에 경쟁적으로 더 요란한 색상과 깜빡임으로 도심의 야경을 어지럽히는 미디어 파사드는 빛 공해를 유발하여 눈살을 찌푸리게 한다. 주변 환경과 어울리면서 매장의 성격을 나타내는 빛의 색상을 고민하고, 몇 가지의 대표적인 색상을 가급적 눈에 거슬리지 않은 파스텔 톤 위주의 은은한 색감으로 적어도 3~5분 정도의 시간을 두고 서서히 변하도록 설계하는 것이 요령이다. 싱가폴 도심 교량 위의 LED 컬러 조명의 색상 변화는 하나의 색상이 다른 색으로 바뀌는 데 20분이 걸린다. 서서히 변화를 주어서 마치 극지방의 오로라를 보는 듯한 자연스러운 느낌으로 빛의 색 변화를 연출하고 있다. 실제로 오로라를 디자인 모티프로 활용한 설계안이었다.

자연광에서 가장 화려하다는 오로라는 인공광의 색 변환 지표가 된다. 자연스럽다는 말은 말 그대로 자연에 가까워서 보기 좋다는 의미이다. 가장 화려하다는 오로라도 다음 색상으로 변하는 데 적어도 15분 이상 소요된다. 자연의 빛은 그렇게 서서히 바뀌어 간다. 우리가 일출이나 석양, 한낮의 태양, 오로라와 같은 자연광에서 아름답다고 느끼는 요소의 특징을 찾아 인공광으로 구현한다면, 쾌적한 빛의 공간을 연출하는 데 도움이 될 것이다.

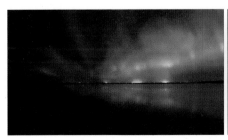

가장 화려한 자연광인 오로라(極光)의 조용한 색상 변화

앞서, 오로라에서 설명한 바 있지만, 인공광의 색상은 최대한 자연스럽게 연출하기 위한 주의가 필요하다. 색의 종류도 불필요하게 많은 색상을 사용하기보다는 적은 종류의 색상을 신중하게 엄선하여 색상 사이의 변환되는 시간을 늘려 서서히 색상 사이의 색이 자연스럽게 섞이며 변해가는 과정을 즐길 수 있도록 하는 것이 바람직하다. 다음의 일본 하네다 공항 대합실 캐노피에 설치된 LED RGB 컬러 변환 조명시스템도 서너 가지의 적은 파스텔 톤 색상으로 천천히 변화를 일으키면서 색과 색이 섞이고 변화하는 중간색 과정을 즐길 수 있도록 설계되어 있다. 온화하며 느긋한 색상 변화로 보행자는 좀 더 편안한 마음으로 탑승을 기다리며 시간을 보낼 수 있다. 자연은 말없이 가르침을 주는 고마운 스승이다.

적은 색상으로 서서히 변환되는 높은 천장의 LED RGB 컬러 변환 조명시스템 (일본 하네다 공항)

　고객이 비일상적 빛의 체험을 경험하도록 연출하는 가장 손쉽고 효과적인 방법의 하나는 색으로서 공간의 이미지를 차별화시키는 것이다. 일상에서 접하는 공간에서 쉽게 느끼지 못한 색을 경험함으로써 색다른 공간에 와 있는, 두근거리는 감정을 느낄 수 있도록 해준다. 식음 공간에서는 재료의 신선함을 느낄 수 있도록 푸른색을 천장과 벽면에 사용하기도 하고, 식욕을 돋우기 위해 노란색이나 오렌지색을 강조하여 대담하게 적용하기도 한다. 또는 마네킹이 늘어선 쇼윈도의 배경을 비일상적인 생소한 색상의 빛으로 표현하여 고객의 시선을 끌고 매장으로 접근성을 높이기도 한다. 전시된 상품 일부를 오브제로 구성할 때 본래 가진 색상을 일부러 왜곡하여 전혀 다른 질감으로 표현하는 노력도 기울이고 있다.

비일상적 소재

　슈퍼 포테이토(Super Potato)의 스기모토 타카시(杉本貴志)가 보여 왔던 실내건축 작업에서는 폐품을 주로 사용한 작품이 많다. 그는 그 미학적 이유를 폐품의 아름다움이란 그 물건들이 제대로 작동될 때 갖고 있던 어떤 에너지의 아우라 같은 것이며, 사람들은 이런 것에서 가치를 느끼기 때문이라고 설명한다. 또한 그의 작업에서 폐품이 가진 본래 형태와 용도는 가늠하기 어렵다. 그 폐품이 가진 구체적 형태와 기능 같은 것보다는, 폐품의 재료에 남겨진 흔적, 더 사용하지 못하고 버려질

때까지 사용했던 사람들의 생각과 행동 방식을 소중하게 다룬다. 2002년 도쿄 신주쿠에 개장한 슌칸(ShunKan: 瞬間)에 사용된 오브제는 TV, VCR, 컴퓨터 디스플레이, 키보드와 같은 폐가전제품, 기계 부품, 호스나 로프, 반투명 플라스틱 골판지, 자르고 남은 아크릴 파편 등 도시 폐품과 사물의 조각을 새로운 방식으로 배치한 것이었다. 레스토랑 공간에 전혀 어울릴 것 같지 않은 소재들로 비일상적 공간경험을 연출하였다. 그의 작품인 「철의 다실(鉄鐵の茶室)」과 「물의 다실(水の茶室)」을 살펴보면, 인위적으로 말끔하게 마무리하여 정리한 소재를 지양하고 오랜 시간 존재해 온 시간과 의미를 살려 투박한 소재감을 드러내어 표현하려는 자신만의 디자인 철학이 담겨있다. 빛의 해석에 있어서는 공간의 경계와 시야의 소통이라는 측면에서 시각적 폐쇄감보다는 의도적 차폐를 조형적으로 은유한 독창적 소재 분석이 돋보인다.

슌칸(ShunKan: 瞬間), 스기모토 타카시(杉本貴志) 설계

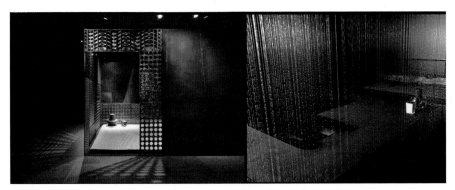

철의 다실(鉄鐵の茶室) / 물의 다실(水の茶室), 스기모토 타카시(杉本貴志) 작품

기존에 자동차 매장이나 쇼룸에서 전시된 자동차는 주로 관람자의 눈높이에서 차체의 측면만 볼 수 있었다. 하지만 다음 연출의 설계는 고객이 자동차를 평소에 보기 힘든 평면적 구조(Top View)로도 볼 수 있도록 하여 이질적이면서 비일상적인 구도로 시각적 체험을 연출하였다. 쇠로 만들어진 무거운 이동 수단이자 기계인 자동차란 소재를, 보다 친숙하게 접할 수 있는 패션 소품과 같은 감각으로 느낄 수 있도록 설계하였다. 성탄절 시즌에만 특별히 자동차를 장난감 선물처럼 포장해서 연출한 것도 흥미롭다.

비일상적 광원

1960년대 미국의 뉴욕을 중심으로 현대적 의미에서 건축조명 디자인이 시작된 이후, 조명디자이너들의 관심은 마치 마술과 같이 조명기구는 눈에 뜨이지 않게 존재감을 최소화하면서도 공간에 필요한 밝기감을 느낄 수 있도록 설계하는 것이었다. 그래서 고도의 광학설계가 접목된 다운라이트와 월-워셔(Wall-Washer)라는 광원과 건축화 조명기법이 발전할 수 있었다. 당시 폴 마란츠(Paul Marantz)나 클로드 엥겔(Claude Engel)과 같은 초기의 현대 조명디자이너들이 주장한 건축공간 내부의 광원 숨기기는, 그 이후에도 눈에 자극적인 글레어를 없애기 위한 해법으로 널리 보급되기 시작했다.

하지만 이제는 그러한 현대 건축의 조명디자인이 추구해 왔던, 기본에 충실하지만 밋밋하고 지루한 느낌을 줄 수 있는 건축화 조명설계 방식이 바뀌기 시작했다. 직접 육안에 들어오지만 자극적이진 않으면서, 공간에 활기를 부여할 수 있는 조명연출을 가능하게 하는 광원들이 개발되었다. 최근에는 광섬유나 LED 조명으로 인해 이전의 광원이 가지고 있었던 큰 부피와 높은 열에서 자유로워졌으며, 다양한 형태나 색상으로 원하는 설계가 가능해졌다. 특히 이러한 새로운 조명연출 방법들은

매장에 유입되는 고객들에게는 가정이나 공공시설에서는 자주 볼 수 없는 상업공간만의 독특한 빛의 인상을 경험할 수 있게 해준다. 설계자들은 내부와 외부, 파사드, 천장, 바닥, 벽면에 다양한 빛의 새로운 설계와 시공을 통해 공간의 이미지를 다각화하고 차별화하기 위한 비일상적 빛의 경험을 선사하고 있다.

고객이 상업공간, 매장에 들어서서 신선한 비일상적 체험을 할 수 있다면, 상품과 서비스에 대해서도 긍정적으로 생각하게 될 것이다. 사람들은 여행을 좋아한다. 특히 해외여행에서 낯선 사람들을 만나 새로운 음식을 먹고, 이국적인 풍경 속에서 자신의 일상과는 다른 새로운 체험을 한다. 사람들이 멀리 여행을 떠나지 않아도 쇼핑공간에서 이러한 새로운 경험을 할 수 있다면, 시간과 비용을 아끼고 즐거워할 것이다. 이태리 식당에 가면 이탈리아에 간 것처럼, 시골 밥상 요리를 먹으러 가면 예전 시골 할머니 댁 대청마루에서 밥을 먹었던 체험을 할 수도 있다. 공간설계로 시공간을 왜곡시켜 고객에게 여행을 떠난 듯한 착각이 들게 한다. 그러한 면에서 조명 디자이너는 상업공간의 조명환경을 가정에서 평범하게 접하기 어려운 새로운 형식으로 구성하여 제시하는 노력을 기울이고 있다. 광원은 평범한 것이라도 매장공간 안에서 특별한 빛의 이미지로 연출될 수 있도록 다양한 시도를 할 수 있다.

러시아 Koltsovo 공항 / 프랑스 파리 / 이란 테헤란 Velenjak 쇼핑센터

스토리를 담는 조명의 마법

비현실적 시공간과 스토리

비현실적 시공간이란 고객들을 일상에서 쉽게 느낄 수 없는 비현실적인 시간과 공간에 노출시킴으로써 비일상적 빛의 체험을 하도록 하는 공간연출 방법을 지칭한다. 예를 들면 낮인데도 밤과 같은, 밤인데도 낮과 같은 느낌이나 내부에 있지만 외부에 있는 듯한, 외부에 있지만 내부에 있는 듯한 비현실적이며 이질적인 공간과 빛을 연출하는 것이다.

이국적인 여행자의 시선으로 바라보면, 공간의 역사성과 지역성을 왜곡하는 것을 명확하게 볼 수 있을 것이다. 만약 서울에서 이탈리아 레스토랑을 설계한다면, 최대한 이탈리아의 느낌을 살리는 것을 목표로 삼아서, 매장을 마치 작은 이탈리아로 느낄 정도로 설계하는 것이 공간의 역사성과 지역성에 충실한 설계로서 관심을 끌고 접근성을 높이는 데 효과적이다. 반대로 이탈리아에서 이탈리아 레스토랑을 설계한다면, 이 와는 다른 관점에서 차별화할 수 있는 공간구조적 설계와 빛의 해석이 필요할 것이다.

1991년 사과로 유명한 일본의 아오모리현에서는 잇따른 태풍을 맞아 90%가 넘는 사과가 떨어졌다. 예기치 못한 자연재해로 1년 농사를 망쳐 망연자실하던 중, 한

청년이 거센 비바람과 태풍 속에서도 떨어지지 않고 살아남은 사과들을 곧 다가올 대입 수험생들에게 '합격사과'라는 특별한 행운의 상품으로 비싸게 팔자는 아이디어를 내었다. 태풍 속에서 살아남은 이 행운의 사과는 일반 사과의 10배 이상의 가격이지만, 지금도 학부모와 수험생들 사이에서는 없어서 못 파는 인기 상품이다. 사과는 그냥 사과일 뿐이지만, 고난을 이겨낸 행운의 사과라는 스토리를 연결하여 고객들의 감동을 얻어 수험생을 위한 마케팅에 적용할 수 있었다. 진열(전시)되는 상품과 매장의 브랜드가 가진 이야기(Story)는 쇼윈도에 드라마틱하게 표출되어 고객의 관심을 받게 된다.

오늘날 단순히 필요한 물건을 구매하기 위해 쇼핑을 한다는 것은 고객의 입장에서도 판매자의 입장에서도 별로 흥미롭지 않은 일로 치부된다. 고객의 구매 행위는 브랜드가 그려내고 추구하는 이상적 이미지에 공감하며 돈을 지불하는 것이다. 그래서 판매자(매장)는 단순한 수요에 의한 구매를 위한 제품 정보나 기능적 측면을 제시하기보다는, 고객이 흥미롭게 느낄 수 있는 시각적 이미지를 전달하는 데 더욱 집중하게 된다. 그래서 쇼윈도나 매장의 시각적 구성물은 크기나 형태, 색상이 과장되거나 객관적인 과학적 사실을 위배하면서 시공간을 무시하는 경우가 대부분이다. 고객의 입장에서도 마찬가지로 일상적이기보다는 비현실적인 꿈과 이상의 세

계, 상상 속에서 존재하거나 지금껏 생각하지 못했던 상황이나 장면이 눈앞에 현실로 나타났을 때 감동할 만한 시각적 경험을 기대하게 된다. 따라서 빛의 계획 역시 그러한 꿈과 이상적 세계, 고객의 마음속 판타지를 극대화할 수 있는 드라마틱한 연출로 계획되어야 한다.

도심의 가로나 백화점, 대형 매장의 복도에서 개별 매장으로 고객을 유도하기 위한 쇼윈도의 설계와 매장 내부의 조명환경이 중요하다. 고객의 시선을 잡아끌 만큼 특이한 구조물을 세우고 비일상적 공간으로 유입된다는 착각을 유도하는 동시에, 매장 안쪽 깊숙한 곳까지 시선이 소통될 수 있도록 안쪽 벽면은 밝게 直을 확보하는 것이 가장 손쉬운 방법이다. 3장에서 설명했던 VMD와 조명연출 방법의 관계성에서 VP-PP의 개념이 중요하다. 마네킹과 배경의 구성이나 공간적 배치로 인해 쇼윈도는 극장의 무대와 같은 역할을 담당하게 된다. 그 밖의 여러 장치는 매장의 상품을 부각하고 브랜드 이미지를 전달하는 데도 중요하다. 상업공간이기에 할 수 있는 이러한 파격적 시도들은 고객에게 제공하는 서비스이다.

다음의 루이뷔통(Louis Vuittion) 매장은 같은 매장임에도 불구하고, 매장 내부
의 전이공간과 상품을 구매하는 곳의 상이한 설계가 마치 다른 매장에 온 듯한 착
각을 불러일으키고 있다. 이동 동선이 지루하게 느껴질 수 있는 전이공간에는 미지
의 세계에 온 것과 같은 환상적인 시각적 체험에 둘러싸이게 하여 고객의 상상력을
자극하고, 상품의 구매를 위해 제품을 살펴보고 결정하기 위한 곳은 고객의 이성적
판단을 돕는 빛의 계획에 충실하다.

루이뷔통 매장의 구매공간과 전이공간의 각기 다른 공간과 조명계획

　　다음 사례를 보면 매장 입구에 거대한 빛의 만화경(kaleidoscope)을 설치하고 보
는 느낌이다. 들어오면서는 내부 공간에 대한 호기심으로 멀리서부터 들여다보며
매장 내부로 발걸음을 옮기게 된다. 오른쪽 이미지처럼 내부에서 외부의 행인을 바
라보는 시선에서도 행인들의 움직임이나 날씨, 시간 변화 등 풍경이 바뀔 때마다 그
리고 바라보는 시점에 따라 늘 새로운 장면(Scene)이 연출된다. 그것은 삼각형 꼴로
잘라 놓은 거울 조각을 통해 예상치 못한 편집의 영상처럼 실시간으로 바뀐다. 그래
서 고객은 매장을 나서는 순간까지도 강력한 비일상적인 시각적 경험을 하게 된다.
주간과 야간의 느낌, 나가면서 보는 풍경과 외부에서 내부를 들여다보는 시선에서
도 확연하게 다른 장면들이 연속된다. 빛은 시선이고 시선, 즉 보는 것도 빛의 작용
이다. 그래서 조명디자인에서 시선은 매우 중요한 설계 요소로서 고민해야 할 부분
이다.

Tokyu Plaza (일본 도쿄 하라주쿠)

매장 내부에서도 끊임없이 시각적 자극을 제공한다. 매장의 분위기를 바꾸기 위해 실내 인테리어 공사를 자주 할 수 없는 경우에도 부수적인 오브제를 매장 내부나 복도의 천장, 벽에 설치하고 시즌별 이벤트를 진행하여 계절감을 강조할 수도 있다. 조명도 가변적으로 적용할 수 있는 배선덕트 시스템이 가능하다면, 보다 탄력적으로 매장의 조명환경을 조성할 수 있다. 오브제 설치 작업 시에는 조명기구의 배광에 방해가 되지 않도록 진행한다.

천장에 시즌 별로 장식한 쇼핑몰, 도쿄 / 홍콩 IFC몰

상업공간 중에서도 대형 쇼핑몰은 큰 실내공간을 활용하여 실외의 느낌을 연출할 수 있다. 그래서 첨단 조명과 실내공간 연출로 밤과 낮의 변화 등 시공간도 왜곡할 수 있게 되었다. 바깥에 눈비가 내리고 있더라도 실내를 맑은 하늘의 실외공간처럼 꾸밀 수 있고, 바깥은 낮이지만 실내는 야간의 느낌으로 연출할 수도 있다. 에어컨으로 냉난방도 해결하면서 계절 감각도 전혀 다르게 느낄 수 있도록 한다. 오랜 시간 매장 내부에 머무른 고객의 입장에서는 혼돈일 수밖에 없지만, 비일상적 체험공간으로서 매장의 공간과 조명은 외부와 단절된 채 공간 내부의 상품과 서비스에

만 집중할 수 있게 한다. 매장 외부의 조명은 마치 거대한 영화 세트장을 연출하는 것처럼, 주간과 야간의 느낌을 모두 연출할 수 있도록 다양한 배광과 색온도의 조명 장치와 함께 통합적인 시스템으로 운영하는 것이 필요하다.

공간과 조명연출로 인한 시공간의 왜곡(시간의 몰지각성, 내부와 외부의 혼돈), 도쿄 오다이바 실내 쇼핑몰

상부와 하부의 분리와 공간 색상 연출

실내공간의 입면상에서 하층부의 일상적이고 이성적인 빛에 비하여, 상층부는 비일상적이고 감성적인 빛의 연출이 돋보이도록 연출할 수 있다. 서 있는 인간의 눈 높이를 기준으로 삼아 대략 바닥면으로부터 2,400mm가량, 이보다 높은 공간의 윗 부분은 공간의 장식적 요소로서 활용할 수 있으며, 비현실적인 느낌의 색과 오브제를 사용하기에 용이하다. 그래서 상부 공간에 조명기구로 색상을 바꾸어 주거나 음영을 자유자재로 연출하기도 한다. 반대로 하부는 상품(물건, 오브제)을 비교하고 고르며, 직접 만져보고 구체적인 구매 의사를 결정하기 위한 이성적 판단이 진행되는 영역이다. 그래서 현실적이며 합리적인 빛의 밝기로 상품의 형태, 구조와 색상을 명확히 하는 빛의 입체적 요소를 지켜주면서 연색성을 높일 수 있는 광원 위주의 조

명계획이 우선되어야 한다. 높은 공간의 천장부를 다양한 색상이나 조명으로 장식하는 연출은, 유럽에서는 상업공간뿐만 아니라 간혹 도심의 메트로 플랫폼 등 공공시설에 적용되고 있기도 하다.

다음의 오른쪽 이미지는 천장이 화면상에서 넓은 면적을 차지할 수 있도록 촬영한 것이다. 천장면을 광원, 그리고 벽면보다 한층 높은 명도의 밝은 마감재로 강조하고 있는 것을 확인할 수 있다. 이는 천장에서 반사되는 빛으로 공간 하부의 밝기감을 확보한다고 해석하기보다는, 시각적 인지 측면에서 천장의 밝기감이 공간 전체의 밝기감을 인식하게 하는 데 큰 역할을 한다고 볼 수 있다. 빛의 수평, 수직, 입체적 요소는 관찰자의 거리가 일정 이상 확보되면 모두 수직적 요소로 인지되는 특성이 있다.

빅토리아 시크릿 매장 높은 천장부의 색상 연출 / 천장면 밝기감의 공간 이미지 기여

다음 사례를 보면, 천장에 매달아 설치한 펜던트라이트가 천장면에 아름다운 음영을 연출한다. 천장면 밝기감이 공간 전체의 효율적인 밝기감을 확보해준다는 측면에서 확장된 直으로 생각할 수 있다. 밝게 빛나는 천장면은 고객의 시선이 어느 정도 대상에서 떨어지게 되면 공간 전체에 대한 밝기감으로 인지되며, 이것은 마치 빛의 수직적 요소에서 공간의 밝기감을 느꼈던 것과 같은 원리이다. 큰 매장의 경우는 매장 천장의 휘도를 높이기 위해 마감재를 높은 명도로 도색하거나 조명을 활용

하여 공간의 확장감을 극대화하는 방법도 가능하다. 빛은 시선과 같다는 개념에서 설계하는 것이 중요함을 다시 강조한다.

다음 사례에서 매장 천장부 조명 캐노피의 화려한 색상 변화와는 대조적으로, 입구의 조명은 일반적이고 차분하며 상대적으로 매우 이성적인 느낌마저 든다. 캐노피는 여러 색상으로 자주 바뀌면서 멀리서 바라보는 잠재 고객의 시선을 끌고 발걸음을 유도한다. 매장 입구에서는 잠시 혼란한 시지각을 진정시키고, 카지노 내부 인테리어와 조명은 다시 화려하게 바뀌면서 시간과 장소를 잊고 게임에 몰입할 수 있도록 설계된다.

매장 입구 천장부 조명 캐노피와 입구의 일반적 조명의 연출 대비(제주 카지노)

백화점 카지노나 나이트클럽, 일본의 파칭코 등은 외부의 시간 경과를 알 수 없도록 하여 고객이 매장 내부의 구매와 유흥 행위에만 집중할 수 있도록 연출한다. 매장 내부에 벽걸이 시계를 없애고 자연광의 유입과 변화를 느끼지 못하도록 창문도 없앤다. 매장 외부에서는 고객을 새로운 환상의 세계로 유인하기 위하여 벽 전면을 매혹적인 색의 변화가 화려한 조명으로 가득 채운다. 내부 공간의 연출은 유흥의 공간으로 늘 활기차고, 오랜 시간 외부에 신경을 끊고 게임에만 집중하도록 바닥재와 천장의 마감재도 최대한 어지럽고 정신 산만할 정도의 복잡한 구조로 장식하는 경우가 많다. 이때 조명의 역할은 이러한 구조들을 시각적으로 강조하여 시간의 몰지각성을 구현하는 데 충실하게 된다.

천장이 높은 공간에서는 높은 천장부에 대한 빛의 공간해석이 중요하다. 유럽의 경우, 전통 건축에서도 천장은 화려한 천장화와 금박 장식으로 치장하는 등 자연광

유입과 조명장식 효과를 위해 매우 비중을 두어 다루어왔다. 이것은 특히 서양의 전통 건축공간에서만 볼 수 있는 특징 중 하나로, 반사광의 반사면으로 천장의 돔 구조와 화려한 천장 장식을 효율적으로 활용하고 있는 사례이다. 프랑스의 대표적인 바로크 양식 건축인 베르사유 궁전(Versaillles, 1662)의 천장화에서도 화려한 금박의 그림은 상부의 창으로부터 유입되는 자연광을 반사하여 공간 내부로 은은하게 확산시키는 역할을 하고 있다. 프랑스의 오페라 가르니에(Opera Garnier, 1860)의 중앙 홀도 화려한 천장화로 장식되어, 강한 방향성으로 경직되기 쉬운 자연광과 건축구조의 강한 음영에서 드러나는 밝고 어두움의 대비를 부드럽게 해준다. 같은 건축에서 시간이 지나 1964년에 현대 화가 샤갈(Marc Chagall, 1887~1985)의 작품으로 천장화를 새로 그렸지만, 천장을 화려하게 장식하는 유럽 건축의 전통은 지속되고 있다.

베르사유 궁전 천장화(좌) / 샤갈이 그린 오페라 가르니에 천장화(가운데)

갈르리 라파예트 (Galeries Lafayette)

갈르리 라파예트(Galeries Lafayette)는 프랑스 파리 9구 오스만 거리에 있는 초대형 백화점이다. 1893년 테오필(Théophile Bader)과 알퐁(Alphonse Kahn)이 라파예트 거리에 문을 연 작은 잡화점에서 시작되었다. 가게가 소재한 길 이름과 갤러리 (갈르리)처럼 긴 상품 진열대를 따라 사람들이 지나다니던 가게의 모양에서 현재의 이름이 붙여졌다. 1907년 건축가 조르쥬 세단과 1912년 그의 제자 페르디낭 샤뉘에 의한 재정비를 통해 오늘날과 같은 새로운 모습으로 선보였다. 당시 유행한 아르 누보 양식으로 치장된 아름다운 계단과 장식들, 철제와 유리로 만들어진 높이 43m에 이르는 화려한 초대형 돔은 갈르리 라파예트의 상징이 되었고, 지금도 방문객들에게 깊은 인상을 남기고 있다. 이 백화점 건축은 파리 아르 누보에 등재된 문화유산이며, 건물의 장식은 에콜 드 낭시의 유명 아티스트들에 의해 탄생되었다. 마스터

글라스메이커인 자크 그뤼베르는 중앙 홀을 가득 채운 스테인드글라스를 네오 비잔틴 양식으로 설계했으며, 돔에서 내려오는 황금빛 조명을 받아 진열된 상품들이 눈부시게 빛나도록 연출하였다. 파리 오페라 하우스에서 아이디어를 얻은 웅장한 계단 난간과 발코니의 철제 난간은 루이 마조렐의 작품이다. 매년 시즌별로 중앙 홀의 상부 실내 장식과 조명에 변화를 주어 다양한 표정을 연출하고 있다.

영업이 끝나도 조명을

매장마다 다소 차이는 있지만, 일반적인 식음료 매장이나 상품 판매 매장은 대략 12시간 영업(open)에 12시간 폐점(close)일 때가 많다. 영업시간의 조명이나 빛의 계획에는 노력과 비용을 들이지만, 폐점 후의 매장 조명환경에 대해서는 크게 신경 쓰지 않을 때가 많다. 하지만 조명기구물 디자인에서도 램프를 켜지 않는 시간이 더 길기 때문에 소등 시에 더욱 아름다워 보일 수 있도록 디자인하는 것이 중요하다. 마찬가지로 주간에는 그 차이를 알 수 없지만, 야간의 경우 특히 매장이 밀집된 상점가나 대형 쇼핑몰에서 폐점된 매장의 이미지 역시 신경 쓸 필요

가 있다. 야간 매장의 조명이 하나도 켜지지 않고 캄캄하다면 그 매장은 아예 존재감이 사라지게 된다. 실제로도 야간에는 영업 중인 매장은 불이 켜져 있고, 영업하지 않는 매장은 아예 모든 조명이 꺼져 있는 경우가 대부분이다.

반대로 다 꺼져버린 주변 상가들의 캄캄한 풍경 속에서 암흑의 바다를 비추는 등대와 같이 주변과 가로를 밝히고 도심의 야경을 새롭게 구성하는 상점 조명들도 있다. 매장의 개별 조명은 영업이 끝난 후에도 최소한의 빛으로 점등되어 매장의 상품과 브랜드 정보를 제공하는 동시에 공공의 영역에 필요한 도로와 가로에 밝기감을 부여할 수 있다. 도심에서 패션이나 가구와 같은 생활용품 브랜드샵이 밀집된 지역에서는 이러한 야간 경관을 자주 목격할 수 있다.

심야에도 가로에 빛을 부여하는 가로등 역할의 매장 파사드 조명

이와 달리 조명을 모두 소등한 매장은 브랜드의 광고나 이미지를 홍보할 수 없다는 측면에서 상대적으로 손해를 보게 된다. 이를 구체화하기 위해서는 공공의 영역에서 사용되는 가로등이나 공원등도 이러한 상점 조명들과 같은 사적 영역의 조명계획과 어떻게 조화를 이룰 것인지 사전에 충분히 검토가 필요하겠다. 상점가나 식당가에서 저녁 시간에 인파가 말 그대로 밀물처럼 몰려들었다가 모두 빠져나가 캄캄해진 야경은 마치 잠든 도시의 모습처럼 사뭇 다른 느낌이다. 24시간 잠들지 않

는 대도심인 서울에서는 이러한 야간 풍경을 위한 빛의 계획이 상황에 따라 부분적으로 요구된다.

매장들이 영업 중인 시간대의 가로 / 폐점 이후 소등한 상태 (서울 대학로 소나무길)

매장의 사인물과 매장 내부의 빛의 오브제를 활용하면 폐점 이후에도 내부를 보여주어 24시간 브랜드와 매장을 홍보할 수 있다. 그리고 심야의 도심에 획일적인 가로등이 아닌 다양한 빛의 오브제로 늦은 밤 시민들의 보안등 역할을 하면서 재미있는 야간 경관과 볼거리를 제공할 수 있다. 매장공간을 기획하는 단계에서부터 이러한 사항을 디자인 요소로서 충분히 반영하여 설계한다면, 보다 효율적이며 재미있는 상점가 조명계획을 연출할 수 있을 것이다.

상업공간 조명환경의
시공인 분석과 시공 사례

매장 성격에 맞는 조명설계 방향 설정

장기간 지속된 불경기의 여파로 값싼 음식과 술, 감자튀김과 같은 간단한 안주 메뉴가 특징적인 스몰비어의 창업 열풍이 소상공인 사이에서 대단했다. 이 스몰비어는 테이블 회전율을 고려하여 고의적으로 불편하고 좁은 의자와 테이블로 실내공간을 계획하였다. 매장의 매출 증진을 위해 값싸게 먹고 마실 수 있지만 고객이 빨리 먹고 마시고 나가게 하기 위한 환경을 조성하는 것이다. 그래서 실내건축 설계도 매우 간단하고 비용을 최소화하는 방법 위주로 구성되어 있다. 값비싼 고급 메뉴를 다루는 일류 레스토랑과는 마케팅 방법이나 공간설계의 전략, 조명연출 기법이 근본적으로 다르다.

이러한 경우, 조명계획도 오랜 시간 머물게 하기 위한 빛의 수직적 요소가 강조된 편안한 조명, 기능적으로 쾌적하게 잘 갖추어진 조명을 의도적으로 피하는 것이 바람직하다. 또한 매장의 운영시스템이 디자인을 결정하는 중요한 요인이 될 수도 있음을 디자이너(설계자)는 명심해야 한다. 공간과 빛의 계획은 언제나 설계자가 설계할 수 있는 최고급 사양의 디자인을 구사할 필요가 없다. 대상 매장의 마케팅 포인트와 콘셉트를 고려하여 적정한 수준의 설계계획이 요구된다. 공간의 질적인 만족도나 디자인의 완성도와 수준을 높이는 것도 디자이너에게는 자존심이 걸린 중요한 문제이지만, 상업공간의 공간과 빛의 계획에서는 최종적으로 이윤을 추구하는 것이기 더 중요하기 때문이다. 다음 실제 시공 사례를 통해 매장에 적합한 조명설계를 알아보겠다.

'Cafe BnU' 공간조명 리뉴얼

2017년 경기도 일산의 카페 'Cafe BnU' 점주의 의뢰로 고객 접근성을 높여 매출 증가를 이루고 고객 만족도를 높이고자 인테리어 구조와 조명 방식을 개선하였다. 먼저, 時空人 분석을 통해 카페에 대한 이해를 높인 후 平直立 분석으로 공간에 필요한 적절한 조명 방식을 선정하였다. 총 10개월 동안 조명환경을 개선, 리뉴얼하면서 그 변화에 따른 고객의 현장 반응을 기록하였다. 이 매장은 연구소의 김택민 연구원이 설계를 진행하였다.

時空人	세부 분석 요인	질문
時 시간	1일 시간대별 특성 시간에 따른 자연광 유입 정도 계절 변화	어느 시간대를 위한 조명인가? 자연광 유입 조건은? 계절 변화를 고려해야 하는 설계인가?
空 공간	공간의 구조 공간의 주변 환경 조사 마감재 특성	공간의 크기, 면적, 규모는 얼마인가? 공간의 정보 자연광 채광을 위한 설계가 필요한가?
人 인간	사용자 행위 분석 나이, 성별, 직업, 건강 상태	주로 벌어지는 행위는 무엇인가? 주로 찾아오는 손님 현황?

時空人 분석표

時: 시간

카페 공간을 '실내'와 '실외'로 구분하여 조명계획을 수립하였다. 카페 운영시간은 오전 10시 30분부터 오후 10시까지이다. 카페 운영시간 동안 실내의 조명계획과 일몰 후부터 오후 10시까지 카페 외관의 조명계획을 진행하였다. 카페 입구는 남동쪽으로 자연광 유입이 많은 편이다. 입구의 큰 창문을 통해 많은 양의 자연광이 유입되지만, 은행나무가 바로 앞에 위치하여 인도와 카페 입구까지 자연적인 그늘이 형성된다. 자연광 유입으로 음영이 발생하면서 카페의 입구와 내부가 어둡다는 인상을 받을 수 있다. 그러므로 조광기를 통해 실내조명의 밝기를 조절하고, 음영을 완화할 필요가 있는 공간이다.

주간/야간 카페 출입구 이미지

주간/야간 이미지 비교, 주간 자연광 유입에 따른 실내조명 연출

空: 공간

경기도 고양시 일산서구 일산3동에 있는 Cafe BnU는 일산로(6차로)에서 건영 15단지 아파트(766세대) 단지로 진입하는 골목 내에 있다. Cafe BnU는 이디야 커피(프랜차이즈), 커피 송(개인 카페)과 한 건물에 위치하며, Cafe BnU가 6차선 대로인 일산로에서 가장 먼 곳에 위치한다. 3개의 카페 중 가장 면적이 넓고 테이블 수가 많아 테이크아웃 고객보다 머무르는 고객이 많은 편이다. 주차된 차량과 은행나무 가로수가 카페를 가리고 있어 대로에서 카페를 향한 조망이 좋지 않고, 대로변이 아닌 골목에 위치하여 접근성과 인지도가 낮은 편이다. 이러한 위치적 특성상 신규 고객보다 단골 고객이 많다.

	일산로(6차로)
	공원지역
	상업지역
	주거지역(아파트)

카페 매장 위치와 주변 현황

주차된 차량과 은행나무에 가려진 공간에 위치함

카페 실내공간의 마감재는 벽면, 바닥면, 천장면으로 나누어 볼 수 있다. 벽면은 회색 노출 콘크리트 패널이며, 포인트가 되는 두 벽면만 붉은색 벽돌 타일로 장식되어 있다. 바닥은 짙은 회색 대리석 타일로 마감되어 있다. 천장면은 검정색 페인트로 도장되어 있고, 조명기구의 이동이 용이한 레일 방식의 다운라이트가 설치되어 있다.

벽면과 바닥면의 소재와 빛

카페에서의 동선을 고려한 빛의 배치는 아래 그림과 같이 平直立 세 가지로 분류할 수 있다. 첫 번째, 平은 음료를 제작하는 작업공간 및 계산을 위한 카운터 공간, 고객이 주 동선으로 삼는 테이블 사이의 통로가 해당한다. 고객의 주 동선의 경우 명확한 사물 인지, 안전 보행을 위해 수평 조도가 확보되어야 하는 공간이다. 두 번째, 直은 데코 벽면 및 바 테이블 앞쪽 선반이 해당한다. 벽면과 선반의 경우 고객이 카페에 들어왔을 때 밝고 아늑한 분위기를 느끼도록 연출하기 위해 수직 조도를 확보한다. 마지막 세 번째, 立은 고객의 테이블 공간이 해당한다. 고객 간 원활한 커뮤니케이션을 위해 입체적 조도를 확보한다.

왼쪽 그림을 이해할 때 주의할 점이 있다. 平直立이 각기 다른 색상으로 영역별 표기되어 있는데, 平直立이 각각 100%씩 구현되는 것이 아니다. 테이블 쪽은 立이라고 되어있지만 대략 平 60% + 直 40% 정도의 상황으로 연출되는 것이다. 平으로 표기된 영역도 100% 平이라기보다는 直이나 立이 섞여 있으니, 설계자는 平直立의

대략적 구분과 함께 平直立의 적정한 혼합 비율과 조화에 신경 써야 전체적인 완성
도를 올릴 수 있다.

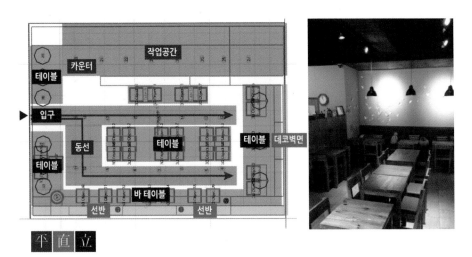

고객 동선을 고려한 조명환경 구성

人: 인간

카페 이용객 분석을 위해 '도도포인트'라는 포인트 적립시스템을 활용하였다.
분석을 위한 자료 수집 기간은 2018년 6월부터 11월까지였으며, 방문 고객 중 도도
포인트를 이용한 고객 1,658명을 대상으로 하였다. 이용객 분석 결과, 기간 내 전체
유입률의 25.8%가 40대 여성이었고 대다수는 인근 아파트 단지에 사는 주부층 고
객이었다. 이 중 학부모 모임 및 주부들의 커뮤니티 공간으로 사용하는 경우가 많
았다. 분석 기간 중 이용객 유입률이 가장 큰 요일은 일요일이었으며, 주말 오후 인
근 교회의 단체나 개인 고객 유입이 많았다. 주변의 경쟁 카페가 주말 휴무로 운영
하였기에 주말에는 신규 고객층이 늘었다. 도도포인트에 등록한 고객의 재방문율은
70.1%로 신규 고객보다 재방문 고객이 주를 이루었다.

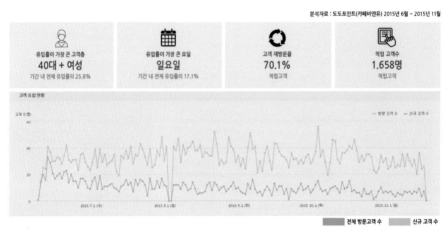

포인트 적립 프로그램을 활용한 이용객 분석

30~40대 주부의 경우 11:30~16:00 / 19:00~22:00 시간대에 가장 많이 방문했고, 20~30대 대학생 및 취업준비생은 14:00~22:00에 가장 많이 방문했다. 30~40대 주부 고객의 소규모 모임을 고려하여 중앙 테이블은 모임 인원에 따라 테이블 위치를 조절할 수 있도록 했고, 4인 이하 모임은 소파석을 이용하도록 했다. 20~30대 대학생과 취업준비생은 방해가 적고 장시간 이용이 가능한 벽면 바 테이블을 사용할 수 있도록 배치했다.

고객의 방문 목적에 따른 공간구성

인테리어 리뉴얼 설계와 시공 전, 외부 공간과 내부 공간에 몇 가지 문제점이 있었다. 외부 공간의 경우, 전경으로 건물의 색상과 비슷한 회색이나 아이보리 색상이 사용되어 있었는데 주변 상가의 간판이나 파사드에 비하여 시각적 구분이 어렵고 주목성이 떨어졌다. 이와 더불어 매장 앞을 가로막고 있는 은행나무 가로수는 매장 파사드로의 접근성을 떨어뜨리는 요소로 작용하였다.

내부 공간의 경우, 조명은 레일 다운라이트에 PAR30 할로겐램프 20기를 설치하고 보조 조명으로 3파장 램프 6개의 펜던트가 사용되었다. 색온도는 4,000K 이상으로 밝고 깨끗한 공간 이미지를 연출하고 있었지만, 편안한 휴식을 위한 카페 공간으로는 적절하지 않았다.

인지도가 부족한 외관, 높은 색온도의 실내조명

사인과 로고 디자인은 매장 전면의 파사드 주변에 서 있는 은행나무 색상과 어울리는 배색을 고려했다. 계절에 따라 색을 입는 은행나무와 하나의 이미지로 어우러질 수 있도록 브라운 색상을 선택했다. 대신 진한 브라운을 사용하여 보행로에서 바라보는 고객의 입장에서는 간판의 인지도를 높이고 옆 카페와 색상에서 차별화하도록 연출했다.

내부 및 외부의 조명은 웜 화이트(Warm White) 색온도의 조명을 사용하여 아늑하고 따뜻한 분위기 연출하였다. 또한, LED 광원을 사용하여 전력 사용량을 줄이고자 하였다. 카페 이미지를 구축하기 위해 고객의 입장을 고려하여 공간연출 콘셉트를 설정하였다.

모티브 이미지를 적용한 외관 디자인

단계별 수정설계

수정설계 1단계

다음은 2017년 12월에 시행한 공간연출 1단계 모습이다. 카페 외벽 색상을 어둡게 하여 다른 매장과의 차별화를 실현하였다. 매장 앞 발코니는 노천카페의 모습으로 바꾸었다. 이를 통해 고객의 접근성을 높이고 매장에 대한 친밀도를 높이고자 하였다.

카페 외벽 색상 변경

카페 외부의 조명은 3,000K 색온도의 난간 테라스 조명을 사용하였다. 내부에서 새어 나오는 아늑한 불빛과 조화를 이루는 색이다. 반면, 간판은 시인성을 높이기 위하여 5,000K의 높은 색온도를 사용하였다. 내부의 조명은 아늑한 분위기 연출을 위해 모든 광원을 3,000K 색온도로 변경하였다.

카페 외부조명과 실내조명

공간연출 1단계를 마치고 조명환경을 분석한 결과, 수평면 조도를 높이는 다운 라이트 위주의 조명설계로 바닥 조도가 높게 확보되었다. 바닥 조도가 높으면 고객 이 카페를 들어설 때 시각적으로 어둡다고 느낀다. 그러나 자리에 앉으면 빛이 너무 밝고 눈부심을 느끼기 때문에, 실제로 조도를 낮춰달라는 고객의 요청이 자주 있었 다. 게다가 수평면 조도를 높이는 다운라이트(PAR30 할로겐램프)로 인해 내부 온 도가 상승하였다. 이 때문에 하절기에는 냉방을 강하게 하여 전력 낭비가 심했다. 이에 대한 대안으로 수직면 조도의 필요성을 적극 검토하였다.

수정설계 1단계 이후 조명환경 Relux 시뮬레이션 분석

수정설계 2단계

아래 사진은 공간연출 1단계 후 7개월이 지난 2018년 5월의 모습이다. 다운라이트를 LED PAR 램프로 변경하여 벽면 장식 및 그림에 각도 조절(에이밍 작업)을 하였고, 소파 쪽의 좌석에는 벽면에 LED T5 간접조명을 설치하여 수직면 휘도를 확보하였다. 일몰 후에는 조도 조절이 가능하도록 LED 광원용 조광기를 설치하였다. 주간의 자연광 조건에서는 외부의 강한 자연광과의 격차를 줄이기 위해 더 강하게 연출하고, 야간에는 상대적으로 약한 광량을 출력하도록 하였다. LED 전용 조광기는 광원과 호환성 문제가 발생하거나 광원의 수명에 영향을 줄 수도 있으므로 각별한 주의가 필요하며, 전문가의 추천 제품을 잘 선별해서 사용해야 한다.

카페 내부에서 아늑한 분위기를 느낄 수 있도록 테이블마다 캔들을 놓았다. 하지만 아늑한 분위기로 인해 고객이 머무르는 시간이 늘어나게 되면서 테이블 회전율이 감소하였고, 매출이 감소하였다. 또한, 간접조명이 설치된 공간을 손님들이 선호하면서 좌석의 고른 분배가 어려워졌다. LED 광원을 사용하여 전기세 절감을 기대했지만, 긴 운영시간과 늘어난 조명기구 수로 인해 전기요금이 증가하였다.

수정설계 3단계

2018년 6월, 스탠드 조명을 설치하여 수평적 요소와 수직적 요소의 조명을 자연스럽게 연결하였다. 고객이 잘 선호하지 않았던 좌석의 선호도를 높이기 위해서 다양한 테이블 조명과 터치 램프로 조명기구물의 흥미로운 요소를 부각시켰다. 외부의 파라솔에는 은하수 조명을 적용하여 야외 테라스 분위기를 연출하였다.

그러나 예상하지 못했던 문제도 발생했다. 스탠드 조명으로 빛의 수평적 요소를 쾌적하게 연출하자 공부하는 학생 손님이 증가하여 회전율 감소 문제가 지속되었다. 전반조명을 적절히 확보한 다음 국부조명으로 스탠드 조명을 설치하자 가정에서 학습할 때보다 더 쾌적한 학습 조명을 제공하게 된 것이다. 이상적인 학습 조명이 구축된 카페에서 고객들이 더욱 오랜 시간 머무르는 것은 당연했다. 그리고 노트북을 사용하는 손님은 오랜 시간 전원을 사용하였고, 높은 전기요금은 카페 운영의 심각한 문제가 되었다.

수정설계 4단계

2018년 10월, 장시간 학습하기 위해 방문하는 고객들을 고려한 공간을 연출했다. 스터디 전용 바 테이블을 추가 배치하고 스탠드 조명을 설치하여 학습에 집중할 수 있는 공간으로 분리하였다. 바닥으로 연출하는 다운라이트 중 일부를 벽면으로 조정하여 기존의 벽면 연출과 더불어 수직면 휘도를 충분히 확보하였다. 초기 설계 데이터와 비교하였을 때 수직 및 입체 요소가 증가하여 전체적으로 편안하며 쾌적한 시각적 인상을 주게 되었다. 그 영향으로 카페 SNS 사진 및 촬영 고객이 증가하였고, 바 테이블 이용으로 고객층에 따른 테이블 분산이 잘 이루어졌다. 고객층에 따른 테이블 분산이 잘 이루어지면서 카페 회전율이 상승하였다. LED 광원 및 조명기구의 수량을 축소하면서 초기 조명설계보다 전력량이 감소하였다. 결과적으로 매장의 운영 비용이 크게 절감하였다.

수정설계 4단계 이후 조명환경 Relux 시뮬레이션 분석

조명디자인과
인테리어 용어 정리

ㄱ

가시도 Visibility

대상이 잘 보이는 정도를 나타내는 데 사용하는 지수로, 휘도 대비 또는 함수를 이용하는 경우가 많다. 시인성과는 약간 의미가 다르다. 대상의 휘도 대비나 크기 차이에 따라 잘 보이는 정도를 나타내는 데 이용하나, 신호등이나 간판처럼 눈에 띄는 정도나, 더 쉽게 보이게끔 나타내기 위해 이용하는 경우는 없다.

간접조명 Indirect Lighting

조명기구에서 나오는 빛이 직접 눈에 비치지 않도록 빛의 전부 또는 일부를 반사될 표면 쪽으로 분산시키는 방법의 조명이다. 천장이나 벽을 비추었다가 반사되므로 그림자 없는 부드러운 조명 효과를 얻을 수 있다.

강조색 Accent Color

주조색과 반대되는 개념으로 색채계획에서 극적 효과를 내기 위해 부분적으로 사용하는 선명하고 강한, 눈길을 끄는 색을 말한다. 일반적으로 강조색은 좁은 면적에 사용해야 그 효과를 발휘할 수 있다.

건축화 조명 Architectural Lighting

조명이 건축의 일부가 되어 표현되는 빛의 연출 방법이다. 벽면이나 천장 전체를 빛나게 설계하거나, 공간 내부의 기둥 전체를 빛나게 하여 연출한다. 이밖에도 코브, 코니스, 밸런스 조명과 같은 간접조명 방식도 넓은 의미에서 건축화 조명으로 분류한다.

고대비 High contrast

국부조명으로 사물이나 전경에 많은 빛을 집중시키고 배경이 되는 부분은 적은 양의 전반조명을 사용함으로써 얻어지는 조명 상태를 말한다.

광도 Luminous Intensity

광원에서 빛이 사방으로 나와도 방향에 따라 빛의 강도가 다른 경우가 많다. 이것은 각 방향으로의 광속량이 다르기 때문이다. 이때 특정 방향으로 비춰지는 빛의 세기를 광도라고 한다. 단위는 cd(칸델라,

Candela)이며, 1cd는 초 1개를 1m 밖에서 바라봤을 때의 밝기를 말한다. 광도(cd)=한 방향으로 방출되는 광속/한 방향 각도(sr).

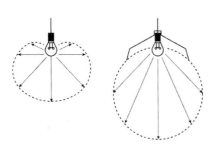

광도의 이해: 그림의 화살표가 길수록 광도가 높다

떨어져서 보고 느낄 수 있는 빛의 양이다.

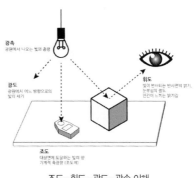

조도-휘도-광도-광속 이해

광막 글레어 Veiling glare

잡지 등의 인쇄물 지면에서 눈부시게 번들거리는 광막 반사에 의한 빛이 시각 대상과 겹칠 때, 눈부신 빛의 막이 시각대상을 덮은 것처럼 보이는 글레어. 시각 대상의 휘도 대비가 낮아져, 보기 어렵거나 안 보이게 된다. 반사 글레어의 일종.

광속 Luminous Flux

광원으로부터 나오는 가시광의 총량. 단위는 lm(루멘, Lumen). 1lm은 모든 방향에 대하여 1cd의 광도를 갖는 표준점 광원에서 단위 체적 당 방출하는 광량이다. 1lm은 초 하나를 켜두고 1m(한 발자국) 정도

광속 유지율

Luminous flux maintenance factor

램프를 일정 시간 점등한 이후 맨 처음 광속 특성과의 전광속비. 단위는 루멘·와트 [lm·W1].

국부 전반조명 Task Ambient Lighting

책상과 같은 작업면(task)에 국부조명으로 수평면 조도를 확보하고, 그 주변을 이보다 낮은 조도로 밝혀주는 조명 방식.

국부조명 Spot Light

한정된 좁은 범위와 그 주변 일부를 집중하여 밝히기 위한 조명으로 스포트라이트가 대표적인 광원이다.

글레어 Glare

눈에 불편하고 거슬리는 광원의 눈부심.

기업형 슈퍼마켓 SSM (Super Supermarket)

대기업에서 운영하는 기업형 슈퍼마켓이다. 연면적 990~3300㎡(300~1000평) 규모로 대형마트에 비해 출점이 용이하고, 가공품을 주로 판매하는 편의점과 달리 채소, 생선 등 농축산물도 판매한다. 대형 유통마트보다는 작지만, 동네 슈퍼보다는 큰 슈퍼마켓의 개념이다.

ㄷ

다다미 Straw Mat

속에 밀짚을 두껍게 넣고 표면에는 돗자리를 대고 가장자리에 천을 대어 마감한 일본식 매트. 90×180㎝의 크기에 4~6㎝의 두께로 탄력성과 촉감, 흡수성은 좋으나 내구력이 약한 것이 흠이다.

다운라이트 Downlight

하향으로 빛을 방출하는 조명기구로 천장에 매입하거나 펜던트형으로 설치한다.

테스크 Task

업무나 작업을 위한 면, 즉 책상이나, 작업대, 주방의 조리대를 가리킨다. 바닥면으로부터 700~750㎜ 정도의 높이를 말한다. 공간의 밝기를 나타내는 데 있어 일반적으로 task면의 조도를 기준으로 삼는 경우도 많다.

테스크 라이트 Task light

테스크 스탠드와 같이 작업면(task)을 밝히기 위한, 주로 시각 작업용의 스탠드를 지칭한다. task면의 수평면 조도 확보가 주된 목적이며, 국부조명에 해당된다.

동선 Traffic Line

사용자가 작업이나 휴식을 위하여 움직이는 자취를 나타낸 선. 인테리어 평면 계획의 기초가 되며, 가능한 한 짧고 직선적이며, 움직이는 과정에서 주변 공간에 방해를 주지 않아야 한다.

디밍 기능 Dimming

전압이나 전류를 제어하여 조명기구에서 나오는 빛의 양을 조절하는 조광기(Dimmer)를 활용한 기능. 최근 LED 조명의 보급으로 디밍이 보다 간편해지면서 널리 쓰이게 된 용어.

러그 Rug

바닥 표면의 일부를 덮는 규격화된 크기로 짜인 깔개, 카펫과 비슷한 용도로 사용되는 작은 조각을 의미하였다. 계절이나 분위기에 따라 깔고 걷기가 편리하여 최근 들어 방한 기능은 물론 장식적인 요소로도 많이 사용되고 있다. 페르시아(Persia) 양탄자는 유럽에서뿐만 아니라 전 세계적으로 그 우수성을 인정받고 있다.

레이아웃 Lay Out

인테리어 디자인을 위한 평면 계획에 있어 실내의 설비, 가구 및 기구 등을 배치하는 작업 및 계획도를 말한다. 공간별, 작업별로 구체적인 레이아웃이 정해져야 모든 공사가 순조롭다.

루멘 Lumen

광속의 단위로 [lm]으로 나타내며, 국제단위계(SI)로 정해져 있다. 1[lm]은 모든 방향으로 동일하게 1[cd]의 광도를 가진 점광원에서, 입체각 1[sr]의 원뿔 모양 안으로 방출하는 광속의 크기이다. 파장 555[nm], 방사속 1/683[W]의 단색방사 광속도 1[lm]이다.

루버 Louver

보행자의 시선에서 글레어를 차폐하는 요소이다. 최소한의 간섭으로 차폐 효과를 제공하기 위해 일반적으로 기하학적 패턴으로 배열한다.

루버 문 Louver Door

닫혀있을 때도 통풍이 되도록 빗살무늬 형태의 루버를 달아 놓은 문으로, 옷장이나 창고 등 통풍이 필요한 공간에 많이 쓰인다.

매입등 Recessed Light Fixture

천장 안으로 조명기구가 매입되어 등의 낮은 가장자리가 천장과 동일한 평면이 되는 조명등 형태를 말한다. 요즘은 부분 조명 외에 천장의 실링 라이트로 매입등을 전체적으로 설치할 때도 많다.

머천다이징 Merchandising

판매 판촉 활동, 업계에서는 대개 판매보다는 판매를 촉진하기 위한 활동이라는 의미로 통용된다.

명도 Lightness

물체 표면색의 밝기를 표준 백색 면에 대한 상대적인 밝기로 나타낸 것이다. 먼셀 밸류처럼 지각적인 척도가 되는 것은 명도 지수라고도 한다.

몰딩 Molding

건축, 실내 기구 등의 표면에서 서로 다른 재료가 이어지는 부분을 감추거나 장식적으로 선을 강조할 때 쓰이는 길고 가느다란 돌림 띠. 주로 목재가 많이 사용되지만, 최근 들어 금속, 플라스틱, 석고 등도 많이 쓰인다. 보통 천장과 벽이 맞닿는 부분, 코니스, 기구의 상판을 비롯한 각 부분, 문짝의 전면 등에 장식을 위해 사용한다.

무채색 Achromatic Color

색상과 순도가 없는 색. 흰색, 회색 그리고 금속 특유의 색들을 말한다.

미끄럼 방지대 Non- Slip

계단의 디딤판 끝에 미끄러지는 것을 방지하기 위하여 고무판이나 스테인리스, 주물판 등을 덧대어 놓은 보호 장치. 가로 홈을 파 넣거나 금속 띠에 고무판을 끼워 붙이는 것이 일반적이다.

ㅂ

반사 글레어 Glare by reflection

휘도가 높은 광원이나 창문에서의 빛이 브라운관의 표면, 책상 면, 광택이 있는 종이 등에 반사되어 눈에 들어와서 생기는 글레어. 반사에 의한 빛과 시각 대상이 겹치면서 시각 대상의 휘도 대비가 낮아져 보기 힘들어진다.

배광 Luminous intensity distribution

광원 또는 조명기구의 각 방향에 대한 광도의 분포.

배광곡선
Candle Power Photometric Curve

광원에서 나오는 빛이 어느 방향으로 얼마만큼의 강도로 나오는지를 표시한 것.

붙박이 Built-In

경제적인 공간 활용을 위해 옷장이나 TV, 오디오 설비, 홈 오피스(home office) 설비 등을 벽에 내장 설치하는 것을 말한다. 요즘에는 부엌 가구 세트에 주방용 설비 기기, 즉 전자레인지, 식기 세척기, 냉장고, 세탁기 등을 내장시키는 작업도 빌트-인의 영역에 속한다.

브래킷 조명(벽부등) Bracket

형광등을 쓰기도 하지만, 대개 갓이 없는 둥근 공 모양이나 촛불 형 백열전구를 사용한다. 천이나 종이, 유리섬유제 가리개로 덮인 것, 또는 유리나 플라스틱제 커버가 달린 것이 많이 있다. 브래킷은 그 사용 목적에 따라서 기구나 붙이는 위치를 선정할 필요가 있다. 예를 들면, 복도에서는 통행에 지장이 없는 높이, 서재에서는 책상에 가깝고 방해가 되지 않는 좌측 벽면에 설치한다. 침실에서는 조광(調光)을 할 수 있는 것, 옥외나 욕실에서는 방습(防濕)·방

청(防錆)된 것을 사용하며, 현관이나 응접실 등에는 디자인적인 효과를 고려한 것을 사용한다.

블루 모멘트 Blue Moment

주로 일몰 전의 밝음과 어둠이 교차하는 순간, 자연광에서 장파장인 파란색만 우리 눈에 지각되며 나타나는 현상. 위도가 높고 습도가 낮은 북유럽에서는 30분 이상 관찰할 수 있다. 이 파란색은 인간의 눈에 지각되는 가장 긴 파장의 빛이다. 따스한 느낌의 오렌지빛 백열전구가 블루 모멘트와 만나 묘한 채도-명도 대비로 아름다운 야경을 연출하기에, 많은 사진가가 건축물의 야경을 촬영할 때 주로 이 시간대를 애용한다.

노르웨이 베르겐의 블루 모멘트

비주얼 머천다이저
VMD visual merchandiser

브랜드 콘셉트에 맞춰 제품을 전시하는 등

매장 전체를 꾸미는 직종을 지칭하는 용어지만, 이제는 그러한 행위 자체까지 포함하여 쓰이고 있다. 매장을 새로 낼 때 어느 위치에 어떤 콘셉트로 만들어야 효과적일 것인지를 판단하고, 그 지역의 특성을 분석하고 주력 제품을 결정한다.

빔각도 Beam Angle

발광 소자에서 방사하는 발산광이 그 파워의 최대치 방향으로부터 어떤 특정치 만큼 낮아질 때까지 뻗어 나간 각도를 말한다. 빔각도는 배광곡선 상에서 최대 광도의 1/2의 각도, 조도(lx)로 나타나 있는 수치들은 최대값이며, 가장자리에서 절반으로 떨어진다.

ㅅ

색도도 Chromaticity diagram

색도 좌표를 x, y의 직교 좌표로 나타낸 것.

색온도 Color Temperature

빛이나 조명이 가지는 색감을 나타내는 용어. 단위는 K(캘빈)이다. 주로 각 광원이 가진 빛의 색감이 어느 정도 따뜻하고 차가운지에 대한 느낌을 나타낸다. 예를 들어 의류 매장에서 마음에 드는 옷을 사 와서 집에서 입어보면 색이 다르게 느껴질 때가 있는데, 이는 매장과 집의 조명이 색온도가 다르기 때문이다. 빨간색 옷이 마음에 들어 구매했는데 매장조명은 따뜻한 느낌의 낮은 색온도 조명(할로겐램프)이고, 집의 조명이 차가운 느낌의 높은 색온도 조명(형광등)이라면, 같은 옷이라 하더라도 색의 느낌을 재현하는 데 있어 차이가 생긴다. 생선 가게에서는 높은 색온도의 푸른빛 조명으로 상품을 더욱 신선하게 보이게 하고, 정육점에서는 낮은 색온도의 붉은색 조명을 사용하여 고기의 색감을 높이는 것도 광원의 색온도를 적절히 응용한 사례이다.

슈퍼 앰비언트라이트
Super Ambient Light

벽이나 기둥, 공간의 구조물에서 설치한 광원의 빛이 아래에서 천장 쪽으로 비추어 바닥면의 수평면조도를 충분하게 확보해주는 간접조명 설계방식이다. 광원의 효율이 낮아지는 단점이 있지만 부드러운 공간 인상을 얻을 수 있어 공간 긴장도를 낮추게 되는 장점도 있다. LED조명으로 광원의 효율이 좋아지면서 적용할 수 있는 범위가 확대되었다.

스캘럽 현상 Scallop

'scallop'이란 영어로 조가비, 조개란 의미로 부채꼴이나 물결 모양을 지칭한다. 조명 용어에서는 아래 이미지와 같이 조명에 의해 건축공간의 벽면에 주로 생겨나는 물결 문양을 의미한다. 조명설계에 있어 원칙적으로 이러한 현상은 건축가가 설계한 공간에 빛으로 낙서하는 것으로 간주하고 피하도록 한다. 하지만 특별한 의도로서 오히려 강조하여 나타내는 경우도 있다. 스캘럽 현상을 피하려면 광원의 설치 작업 전에 조명의 배광과 배치 간격 그리고 조사방향 등을 면밀하게 검토할 필요가 있다.

스캘럽 현상   의도된 스캘럽 현상

스탠드 Stand

서랍 등 수납 공간이 따로 없는 소형 탁자.

촛대용 스탠드는 특수한 목적으로 디자인된 반면, 보조 탁자와 같은 기능과 외형을 지닌 스탠드는 다양한 용도로 사용된다.

스툴 Stool

화장대 의자나 소파 옆 보조 의자처럼 팔걸이와 등받이가 없는 1인용 소형 의자를 말한다. 고대 이집트와 메소포타미아 시대에 네 개의 곧은 다리나 X형 다리를 가진 형태로 제작되기 시작하여, 중세에는 좌판을 양 끝 측판으로 지지하거나 다리가 세 개인 스툴 등 다양한 형태로 개발되었다. 발받침인 오토만(ottoman)으로도 많이 사용된다.

시퀀스 Sequence

장소의 연속성. 이 책에서는 시공간(시간과 공간)의 이동과 변화에 의한 빛의 대안에 관한 것을 중요하게 다루기 위해 사용된 단어로, 빛의 시퀀스라는 용어를 사용한다.

실리카 전구 Silica Light

일반적인 텅스텐 필라멘트를 사용하는 백열전구는 투명한 유리구를 사용하지만, 강한 필라멘트에서 발광되는 빛을 부드럽게 하기 위해 투광성이 좋은 백색도장막인 실리카가 도포된 것을 사용한다. 전구의 점등 중에는 텅스텐의 증발에 따른 흑화가 진행되므로 증발을 억제하기 위해 20~30[W] 이하의 저출력의 램프를 제외하고는 알곤이나 크립톤과 같은 불활성 기체를 봉입하고 있다.

ㅇ

아르 누보 Art Nouveau

1890년대 벨기에, 프랑스, 영국이 중심이 되어 시작된 새로운 경향의 미술 운동. 20여 년간 건축, 공예, 회화, 조각, 풍속 등 전 분야에서 유행한 이 경향은 전통적인 모티프를 삼가고, 자연적인 형태에 기초를 둔 식물의 형태, 물결 또는 불꽃 모양의 곡선들을 자유분방하고 새로운 감각으로 표현했다.

에스피에이 SPA(Specialty stores, retailers of Private-label Apparel)

최신 유행을 즉각 반영한 디자인, 비교적 저렴한 가격, 빠른 상품 회전율로 승부하는 패션 또는 패션 사업. 미국의 청바지 회사 갭(GAP)이 1986년 도입한 개념이며, 전문점(Specialty retailer), 자사 상표(Private label), 의류(Apparel)의 첫 글자를 조합하여 만든 명칭으로서 '제조 직매형 의류 전문점'이라는 의미이다. 영미권에서는 잘 사용하지 않으며 대신에 패스트패션(Fast fashion)이라는 단어를 폭넓게 쓴다. 주문하면 바로 먹을 수 있는 음식인 패스트푸드(fast food)처럼 빠르게 제작되고 유통된다는 의미에서 그런 이름이 붙었다.

에이밍 Aiming

조명기구에서 나오는 빛의 조사 방향을 정확하게 설정하는 작업. 정교하게 조절하여 사물의 밝기감과 입체감에 변화를 주고 공간의 인상을 설정할 수 있다. 조명 설치현장이나 프로토타입에서 주로 실시하고 조명 시뮬레이션 프로그램상에서도 진행한다.

연색 Colour rendering; color rendering

대상이 되는 물체가 동일해도 조명하는 빛의 조성이 다르면 물체에서 반사되는 빛의 조성이 달라져 색이 다르게 보인다. 이렇게 조명광(광원)이 보이는 색에 영향을 연색이라고 한다. 광원의 연색이 좋은지 나쁜지를 아는 척도로 연색 평가수를 이용한다.

연색성 CRI : Color Rendering Index

빛에 의한 사물의 원색 재현도이다. 단위는 Ra 또는 CRI를 쓰는데 100Ra는 태양광에서 보는 사물의 색감으로 최고로 높은 수치이다. 매장에서 구매한 옷의 색상이 집에 와서 보니 다르게 느껴지는 것은 매장과 집에 설치된 조명의 연색성이 서로 차이가 있기 때문이다.

연직면 조도

'수직면 조도'로 용어를 대체하여 사용하기를 권장한다. 바닥면이나 책상 면 등 수평면을 기준으로 하는 조도를 '수평면 조도'라 하며, 벽면이나 칠판 등 수직면의 조도는 '연직면(鉛直面) 조도'라고 한다. '주거지 연직면 조도'란 「건축법 시행령」 제3조의 4에 따르면 조명기구로부터 방사되는 빛이 단독주택 또는 공동주택의 창면을 비출 때 그 창면에서의 연직면 조도를 말한다. 기호는 Ev로 표시한다.

월 그레이즈 Wall Graze

벽에서 12인치 이하로 가깝게 설치하여 수직면의 명암을 부각시키는 조명 방식을 말한다. 질감이 있는 수직면을 강조할 때 사용한다.

월-워셔 Wall Washer

광원은 보이지 않으면서 공간 자체를 밝히기 위한 건축화 조명연출법의 하나로, 광원을 벽에서 12인치 이상 떨어진 곳에 설치하여 건축 내부와 외부의 벽면을 빛으로 씻어 내리듯이 전체적으로 균일하게 비추는 것을 목적으로 한다. 주로 위에서 아래로 연출되는 빛이지만, 바닥부에서 천장부를 향해 비출 때도 있다. 벽면이 밝아지고 공간이 전체적으로 넓게 확장되어 보이는 효과가 있다. 월-워셔는 일반적인 다운라이트와 다르게 벽면을 고르게 비추도록 광원이 배광설계되어 있는 조명기구를 가리킨다. 즉 다운라이트를 벽면에 향하게 한다고 해서 모두 월-워셔는 아니다. 특수한 광학설계가 없는 다운라이트를 벽에 조사하면 스캘럽(Scallop) 현상이 나타날 뿐이다. 그러한 의미에서 엄밀히 말해 월-워셔는 특수한 광학설계를 포함한 제품이고, 따라서 대부분 고가의 조명 제품이다.

윈도우 셰이드 Window Shade

빛이 들어오는 유리문에 설치하여 강한 자연광을 부드럽게 여과해 주는 커튼 형식의 가리개. 윗부분에서 끌어내려 빛을 차단하며, 올릴 때 직물이나 종이가 위쪽의 원통에 감기는 롤러 셰이드(roller shade), 이와 동일하나 아래쪽 원통에 직물이나 종이가 감기는 역 롤러 셰이드(inverted roller shade), 뒷면 고리에 끼워 넣은 줄을 당겨 좌우로 몇 줄의 주름이 일정하게 잡히면서 열리는 오스트리안 셰이드(Austrian shade) 등이 있다.

일실일등 一室一燈

주로 한국이나 일본의 거실, 안방에 많이 적용하는 천장 조명방식이다. 방(공간) 하나에 천장조명 하나만 켜서 방구석까지 균일한 밝기로 아침부터 밤까지 변화없이 밝혀주어 매우 단조롭고 긴장감만 높은 공간 인상을 부여하는 획일화된 조명연출이다.

저대비 Low contrast

큰 비율의 전반조명과 최소한의 국부조명으로 공간의 특징이 줄어드는 조명 상태를 말한다.

적소적등 適所適燈

문자 그대로 읽어서 적합한 공간에 적정한 조명을 연출한다는 개념의 조명연출 방법이다. 일실일등과 상대적인 개념으로 공간의 상황과 사용자의 용도에 맞게 쾌적한 빛의 설계가 다양한 광원의 높이와 조도, 색온도로 표출되는 것이 바람직하다는 의미로서 필자가 강조하는 조명디자인의 중요한 원칙이다.

전반 국부조명

=국부 전반조명

전반조명 General illumination

국부조명의 반대 개념. 국부조명과의 밸런스가 중요하다. 공간에 있어 국부조명만으로 극심한 밝음과 어둠이 생성되면, 그래서 휘도 차이가 많이 발생하면, 공간의 긴장도가 높아지고 눈의 피로도가 높아진다. 이를 완화하기 위해 전반조명이 국부조명의 1/3~1/5 정도로 확보되는 것이 바람직하다. 오케스트라의 합주에서 보면 마치 베이스와 같은 역할을 하는 조명 방식이다.

조도 Illuminance

물체의 단위 면적에 들어오는 빛의 양. 단위는 lux(룩스 또는 럭스). 1ux는 1 m^2당 1lm의 조도이다. 광원이 비추고 있는 면의 밝기 정도를 나타내는 데 조도를 이용하며, 단위 면적당 입사하는 광속으로 주어진다. 조도는 인간이 느끼는 밝기감이 아니며 조도계라는 기계로 측정하는 물리적 측광량이다. 주로 작업을 위한 작업면(task)의 밝기를 나타내는 지표이기에 인간이 느끼는 공간의 밝기감을 나타내는 단위로 쓸 때는 세심한 주의가 필요하다.

직접조명 Direct Lighting

조명기구로부터 확산되는 빛의 90~100%가 주변 어느 것에도 방해받지 않고 물체나 표면을 직접 비추게 되는 조명. 일반적으로 천장에서 아래로 직접 비추는 조명을 말한다.

질감 Texture

만져보거나 눈으로 느낄 수 있는 재료의 표면상의 특성을 말한다. 즉 부드러움, 거침, 단단함, 울퉁불퉁함 등의 정도를 말하며, 형태, 색채와 함께 기본 조형 요소의 하나로 알려져 있다.

ㅋ

카페 커튼 Cafe Curtain

창문 전체가 아닌 1/2~1/3가량 가린 형태의 장식 커튼. 창 중간을 가로지르는 가느다란 커튼 봉에 매달리거나 끼워서 달아 놓은 짧은 커튼들이 이에 속한다.

캐노피 Canopy

기후의 변화로부터 실내를 보호하기 위해 창이나 문 위에 설치한 지붕이나 차양을 말하기도 하고, 침대나 의전용 의자(chair of estate)와 같이 가구의 상부를 기둥으로 받치거나 천장에서 매달아 내린 덮개를 칭하기도 한다.

커튼 러너 Curtain Runner

커튼을 여닫을 때 편리하도록 커튼레일

(curtain rail)에 달린 작은 도르래. 커튼 고리를 도르래에 끼워 넣는다.

코니스 조명 Cornice Lighting

벽면에 빛을 반사시켜 공간을 간접적으로 조명하는 방식으로 공간의 전체적인 밝기감(直)을 확보하는데 효율적이며 천장과 벽의 경계를 밝기변화로 대비시켜 공간의 윤곽을 명확하게 연출가능하다.

코브 조명 Cove Lighting

천장에 단차를 만들어 램프를 숨기고 광원 위치보다 높은 천장면에 빛을 반사시켜 공간을 간접적으로 조명하는 방식. 공간 전체의 밝기감을 확보하는 전반조명의 목적으로 사용한다. 천장구조 변화를 통해 다양한 빛의 변화가 가능하다. 코브는 광원의 배광이 천장으로 향하고, 코니스는 벽과 바닥으로 향한다는 것이 큰 차이점이다.

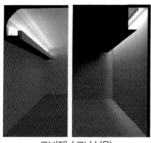

코브(좌) / 코니스(우)

테라스 Terrace

주택 앞부분에 돌출되어 목재나 보도블록 혹은 잔디로 주위보다 약간 바닥을 높여, 실내와 옥외를 연결해 주는 완충 공간. 낮은 울타리나 기둥으로 둘러싸기도 하며, 캐노피 형태의 지붕이 살짝 드리우기도 한 로맨틱한 코지 코너이다. 주로 휴식 공간의 역할을 한다.

테이블 스탠드 Table stand

데스크 스탠드와 혼동할 수 있지만, 테이블 스탠드는 주된 목적이 공간의 분위기 연출용이라 반드시 시각 작업 용도의 조명은 아니라는 차이점이 있다.

텍스타일 Textile

경사와 위사로 직조된 재료 직물의 조직에는 평 직, 능직, 수자직 세 종류가 있으며, 이 세 가지 조직을 응용하여 각종 변형 직조 방식이 발달하였다. 실내디자인에서는 덮개류, 드레이퍼리(drapery), 벽 마감재 등의 재료가 된다.

II

파우더 룸 Powder RM.
안락하고 쾌적하게 장식된 여성용 화장실. 18세기 유럽의 귀족 사회에서 애용했던 흰 가발에 분을 칠하기 위한 용도로 침실 옆에 마련한 작은 방에서 유래되었다.

파티션 Partition
실내공간을 구획하는 칸막이벽, 내력벽이 아닌 간단한 구조의 벽으로 블록이나 목조 등이 쓰인다. 좁은 집일수록 낮은 파티션을 설치하고, 화초나 장식용 가구 등을 파티션 대신 사용한다.

파형 램프 Par lamp
PAR(Parabolic Aluminized Reflector)형은 일명 빔 전구라고 불리는 것으로, 반사면과 전면 렌즈를 용착시켜 우수한 집광성을 얻도록 한 것이다. PAR 램프에는 다양한 크기가 있는데, 표준전압용과 저전압용으로 나눌 수 있다. PAR36은 저전압용이고, PAR20, PAR30, PAR38, PAR46, PAR56, PAR64 등은 표준전압용이다. 제품에 사용하는 유리 부분은 비, 눈 등 급격한 온도차에 의한 열 충격에 견딜 수 있도록 내열 유리를 채용하고 있다.

패브릭 Fabric
일반적으로 실내 인테리어에 쓰이는 모든 직물의 총칭. 고대로부터 소파나 의자의 전체 또는 시트 부분이나 등받이를 싸는 천을 칭하는 용어에서 유래하였다. 푹신하도록 속 재료를 넣고 직물로 싸는 현대와 같은 개념은 16세기 후반 프랑스에서 출발하였다.

펜던트 Pendent
천장에 설치하는 조명 중 선으로 늘어뜨려서 광원이 조사면 가까이에 위치하게 되는 조명을 지칭한다. 주거공간의 식탁 조명으로 사용하는 펜던트 조명의 경우, 조사면과 광원의 거리를 일반적으로 700mm 정도를 기준으로 삼는다.

플로어 라이트 Floor Light

바닥면 위에 세워두는 스탠드 조명의 총칭. 광원의 높이와 조사방향에 따라 매우 다양한 종류가 있다. 셰이드 타입, 무릎 높이 이하의 플로어 라이팅도 있다. 섬유나 유리, 플라스틱 소재의 전등갓으로 광원을 덮도록 설계된 타입의 스탠드를 셰이드 (Shade) 타입으로 세부 분류한다.

플리커 Flicker

전구의 수명이 다하거나 회로에 문제가 생긴 조명의 깜빡거림을 플리커라고 한다. 대상의 광도, 휘도 또는 색이 시간에 따라 변할 때, 그 변화 속도가 시각계의 응답 속도보다 느리면 명암 또는 색의 변화를 지각할 수 있다. 이런 변화 또는 그 변화를 지각하는 것을 플리커라고 한다. 변화가 빨라져 시각계의 응답이 따라가지 못하면 눈에는 일정한 밝기로 보이게 된다.

피에이치 램프 PH Lamp

거장 조명디자이너 폴 헤닝슨의 이니셜을 딴 팬던트라이트 조명기구로 PH5 시리즈는 지금까지 사랑받고 있다.

피오비 타입 엘이디 POB Type LED

POB 타입 LED는 LED 모듈의 한 종류로서 'Package On Board type LED module'로 풀어서 설명할 수 있다. 업계에서는 일반적으로 표면 실장형 고출력 LED를 일컫는다. 내부에 LED 칩을 실장하고 칩과 리드를 연결하며 PCB(기판)에 부착할 수 있도록 제작된 소자를 말한다.

ㅎ

할로겐램프 Halogen Lamp

내부에 할로겐 가스가 들어 있고 표면은

유리 대신 석영으로 처리한 고성능 전구. 백열등의 가장 발전된 형태로 자연색에 가장 가까운 빛을 내어 눈의 피로를 덜어 준다. 백열등보다 크기가 작고 수명이 길며, 20W에서 500W까지 밝기가 다양하다.

휘도 Luminance

휘도는 일정 면적(m^2)에서 반사되어 눈에 유입되는 빛의 밝기, 즉 눈부심의 정도를 나타내는 측광량이다. 책에 인쇄된 글씨를 보고 읽어낼 수 있는 것은 흰 종이와 검정 잉크 활자와의 휘도 차이를 우리의 시지각이 인지하기 때문이다. 조도는 조도계라는 기계에 의한 물리적 측광량인데 비해 휘도는 인간이 느끼는 공간의 밝기감이라는 차이가 중요하다. 휘도의 단위는 칸델라/제곱미터[cd/m^2] 또는 니트(nit; 1nt = 1cd/m2) 등을 사용한다.

휘도 균일도 Brightness uniformity

전면 백색 발광 상태에서 검색된 지점의 밝기 균일도.

휘도 균제도
Uniformity ratio of luminance

일반적으로, 어느 면상에 존재하는 휘도값 중 한정된 범위에서의 평균 휘도값에 대한 최소 휘도값의 비. 최대 휘도값을 넣어 최댓값에 대한 최솟값의 비, 최댓값에 대한 평균값의 비로 나타낼 때도 있다. 이것은 전부 휘도의 불균일함을 나타내는 척도로 이용한다. 도로조명에서 휘도 균제도는 장해물의 시각 확인에 대해 글레어와 함께 소요 평균 휘도값에 영향을 준다.

휘도 대비 Luminance contrast

조명 방식에 의해 생기는 오브젝트와 그 배경과의 휘도 비를 뜻한다.

휘도계 Luminance meter

휘도를 측정하는 측광기로 렌즈식 휘도계, 차광통식 휘도계, 색의 삼자극치도 측정할 수 있는 색채 휘도계가 있다. 현재 이용하는 것은 주로 렌즈식 휘도계이다.